Bruderkampf in der Nordmark?

Kieler Werkstücke

Reihe A:
Beiträge zur schleswig-holsteinischen
und skandinavischen Geschichte

Herausgegeben von Oliver Auge
Begründet von Erich Hoffmann

Band 62

Lennart Stolina

Bruderkampf in der Nordmark?
Zum gegenseitigen Verhältnis
von Reichsbanner Schwarz-Rot-Gold
und Roten Frontkämpferbund
im Schleswig-Holstein
der Weimarer Republik (1924–1933)

Lausanne - Berlin - Bruxelles - Chennai - New York - Oxford

Bibliografische Information der Deutschen Nationalbibliothek
Die Deutsche Nationalbibliothek verzeichnet diese Publikation in der
Deutschen Nationalbibliografie; detaillierte bibliografische Daten sind im
Internet über http://dnb.d-nb.de abrufbar.

Umschlagabbildung:
Siegel der Christian-Albrechts-Universität zu Kiel.
Gedruckt mit freundlicher Unterstützung des Bundes- sowie Landesverbands
Hamburg des Reichsbanner Schwarz-Rot-Gold, Bund aktiver Demokraten e.V.

Die Universität trägt ihren Namen nach ihrem Gründer, dem Herzog
Christian Albrecht von Schleswig-Holstein-Gottorf, der sie im
Jahre 1665 – nur siebzehn Jahre nach dem Ende des Dreißigjährigen
Krieges – für sein Herzogtum ins Leben rief. An diese Zeit erinnert
auch ihr Siegel: Es zeigt eine Frauengestalt mit einem Palmzweig
und einem Füllhorn voller Ähren in den Händen, die den Frieden
versinnbildlicht. Das Siegel trägt die Unterschrift: Pax optima rerum
(Frieden ist das höchste Gut).

Abdruck mit freundlicher Genehmigung
der Christian-Albrechts-Universität zu Kiel.

ISSN 0936-4005
ISBN 978-3-631-90805-1
E-ISBN 978-3-631-90812-9
E-ISBN 978-3-631-90813-6
DOI 10.3726/b21152

© 2023 Peter Lang Group AG, Lausanne
Verlegt durch Peter Lang GmbH, Berlin, Deutschland

info@peterlang.com http://www.peterlang.com/

Alle Rechte vorbehalten.

Das Werk einschließlich aller seiner Teile ist urheberrechtlich
geschützt. Jede Verwertung außerhalb der engen Grenzen des
Urheberrechtsgesetzes ist ohne Zustimmung des Verlages
unzulässig und strafbar. Das gilt insbesondere für
Vervielfältigungen, Übersetzungen, Mikroverfilmungen und die
Einspeicherung und Verarbeitung in elektronischen Systemen.

Diese Publikation wurde begutachtet.

Vorwort

Die vorliegende Studie beruht auf meiner Masterarbeit, die im Oktober 2022 an dem Historischen Seminar der Christian-Albrechts-Universität zu Kiel als Qualifikationsschrift zur Erlangung des Master of Arts angenommen wurde – für die Veröffentlichung habe ich sie inhaltlich geringfügig überarbeitet und erweitert. An erster Stelle möchte ich meinen Betreuern Herrn Prof. Dr. Oliver Auge und Herrn Jan Ocker M.A. für ihr Interesse an meiner Fragestellung und ihre stets freundliche und kompetente Unterstützung danken. Einen besonderen Dank möchte ich dabei Herrn Prof. Dr. Auge für die Aufnahme dieser Studie in die Reihe Kieler Werkstücke aussprechen.

Für die jederzeit freundliche und schnelle Hilfe während des Prozesses der Drucklegung bedanke ich mich bei Frau Anja Lee und dem gesamten Team des Peter Lang Verlags. Ebenso möchte ich mich beim Bundes- sowie Landesverband Hamburg des Reichsbanner Schwarz-Rot-Gold, Bund aktiver Demokraten e.V. für ihre finanzielle Unterstützung bedanken, die einen erheblichen Teil der Druckkosten übernommen haben.

Darüber hinaus möchte ich an dieser Stelle in ganz besonderer Form Frau Prof. Dr. Nina Gallion danken, die vor einigen Jahren ein großes Interesse am historischen Arbeiten in mir geweckt hat und mich stets ermutigte, meinen Weg in der Geschichtswissenschaft auch nach dem Bachelor fortzusetzen. Ohne sie wäre diese Studie niemals entstanden. Hervorzuheben ist ebenfalls Herr Stefan Brenner M.A., der für mich während meines Studiums nicht nur ein Freund, sondern auch ein Mentor war. Stets konnte ich sowohl bei historisch fachlichen als auch bei handwerklichen Fragen mit ihm in den Austausch gehen, diskutieren und lernen – so auch im Rahmen der vorliegenden Studie. Daran anknüpfend möchte ich Herrn Dr. Hartmut Tworuschka für seine unermüdlichen Korrekturen, Hilfestellungen und Ermutigungen während meines gesamten Studiums danken.

In Bezug auf die vorliegende Studie bedanke ich zudem bei den Mitarbeiterinnen im Landesarchiv in Schleswig, Frau Lichter und Frau Berger für ihre Unterstützung bei der Quellenrecherche. Gleiches gilt für Frau Alyssa Hansen und Frau Imke Lieschke für ihre umfassenden Korrekturarbeiten.

Mein letzter und gleichzeitig innigster Dank gilt meiner Mutter Birgit Stolina sowie meinem Bruder Jannik und schließlich meiner Freundin Lilli Lieschke für ihre Unterstützung während meines Studiums und weit darüber hinaus. Ihnen sei dieses Buch daher in tiefster Verbundenheit gewidmet.

Inhaltsverzeichnis

Vorwort 5

1. Einleitung 9
    1.1 Thematischer Aufriss 9
    1.2 Fragestellung und Vorgehen 11
    1.3 Quellenlage und Forschungsstand 13
    1.4 Erkenntnisziele 17

2. Erste Gehversuche einer Republik 19
    2.1 Schleswig-Holstein nach dem Ersten Weltkrieg 19
    2.2 Die Organisierung der politischen Gewalt 27

3. Formierung und Struktur von Reichsbanner und RFB in Schleswig-Holstein 35
    Exkurs: Die kommunistische Einheitsfronttaktik 35
    3.1 Gemeinsame Wurzeln? – die Proletarischen Hundertschaften 37
    3.2 *Kriegsteilnehmer, Republikaner!* – das Reichsbanner Schwarz-Rot-Gold 40
    3.3 *Hinein in die Rote Front!* – der Rote Frontkämpferbund 43
    3.4 Zwischenfazit: Gemeinsamkeiten, Unterschiede und Potenziale 48

4. 1924–1929: Reichsbanner und RFB in der Phase der „relativen Stabilität" der Weimarer Republik 51
    4.1 Konsolidierung und strukturelle Entwicklung in Schleswig-Holstein bis 1929 53
        4.1.1 Das Reichsbanner – im Fahrwasser sozialdemokratischer Strukturen 53

4.1.2 RFB – Massenbewegung ohne organisatorisches Rückgrat 57
4.2 Mobilisieren, organisieren, politisieren – die Arbeit in der Gesellschaft 62
4.3 Politische Kooperationspotenziale und ihre Realisierungen 73
4.4 Konfliktlinien – Faschismus, Militarisierung und Gewalt 86
4.5 Zwischenfazit: Reichsbanner und RFB zwischen Konkurrenz, Kooperation und Konflikt 98

5. 1929–1933: Reichsbanner und RFB im Zeitabschnitt der „großen Krise" der Weimarer Republik 99

5.1 Der offene Bruch – die Sozialfaschismusthese 99
5.2 Zwischen Illegalität und Fortsetzung – das RFB-Verbot 1929 101
5.3 Schleswig-Holstein in der Spirale der politischen Gewalt bis 1933 . 107

6. Zusammenfassung und Fazit 115

7. Quellen- und Literaturverzeichnis 121

7.1 Quellen 121
    7.1.1 Ungedruckte Quellen 121
    7.1.2 Gedruckte Quellen 121
7.2 Literatur 123
7.3 Abkürzungsverzeichnis 134

8. Orts- und Personenregister 137

8.1 Ortsregister 137
8.2 Personenregister 139

1. Einleitung

1.1 Thematischer Aufriss

Die braune Welle, die mit dem Wahlsieg der Nationalsozialistischen Deutschen Arbeiterpartei (NSDAP) im Juli 1932 über den Reichstag hineinbrach, sie hatte die Provinz Schleswig-Holstein bereits wenige Monate zuvor bei den preußischen Landtagswahlen im April desselben Jahres erfasst. 50,8 % der Wähler gaben ihre Stimme den Nationalsozialisten.[1] Dieses Wahlergebnis kam jedoch keineswegs ohne Vorwarnung, immerhin hatte die Hitlerpartei in der Provinz schon seit geraumer Zeit ein stetiges Wachstum vorweisen können.[2] Gründete sich die erste NSDAP-Ortsgruppe Schleswig-Holsteins bereits 1925 in Neumünster, sollte es noch sieben Jahre dauern, ehe sich die Nazi-Partei die Vormachtstellung in der Provinz zwischen Nord- und Ostsee sichern konnte.[3] Durch das geschickte Bedienen völkisch-nationaler Ressentiments gegen den Staat, das Judentum und Andersdenkende erwuchs Schleswig-Holstein 1932 zur braunen Hochburg heran. Einen nicht zu unterschätzenden Anteil an diesem Aufstieg hatte die Sturmabteilung (SA), die hauseigene Agitations- und Kampftruppe der NSDAP. Sie war die Einheit, die ideologische Kampfparolen wie „Blut und Boden" und den völkisch-romantischen Mythos von Schleswig-Holstein als „Nordmark" in die Bevölkerung trug bzw. weiter beschwor.[4] Ein hohes Maß an Disziplin, Treue und Aktionismus zeichnete sie aus und machte sie für die nationalsozialistische Propaganda unverzichtbar.

Die SA war allerdings keine Ausnahmeerscheinung, sondern lediglich eine von vielen Kampforganisationen, die in der turbulenten und kurzen Lebenszeit der Weimarer Republik in Schleswig-Holstein entstanden sind. Zwei weitere dieser Kampforganisationen waren das Reichsbanner Schwarz-Rot-Gold (Reichsbanner), das als überparteiliche Republikschutztruppe von der Sozialdemokratischen Partei Deutschlands (SPD), der Zentrumspartei (Zentrum, Z), der

---

1 Siehe hierzu sowie generell zum Wählerklientel der NSDAP: FALTER/HÄNISCH, NSDAP.
2 Die Gründe für den unaufhaltsamen Aufstieg wurden bereits ausgiebig von Kay Dohnke sowie Rudolf Rietzler dargestellt: DOHNKE, Kernland; RIETZLER, Nordmark. Interessant ist in diesem Zusammenhang auch die Studie zur politischen Willensbildung in Schleswig-Holstein von Rudolf Heberle: HEBERLE, Landbevölkerung.
3 OMLAND, NSDAP, S. 15.
4 Zum Begriff der „Nordmark" siehe fortführend: RIETZLER, Nordmark, S. 289f.

Deutschen Demokratischen Partei (DDP) sowie den Gewerkschaften gegründet worden war, und der Rote Frontkämpferbund (RFB), der als Kampftruppe der Kommunistischen Partei Deutschlands (KPD) agieren sollte. Ihre Aufgaben unterschieden sich von denen der SA im Kern nur durch die unterschiedlichen politischen Ziele. Auf kommunistischer Seite war dies die Schaffung der *Einheitsfront von unten*, die von der Kommunistischen Internationale (KI) in Moskau vorgegeben worden war. Sie sollte die Spaltung der Arbeiter in ein sozialdemokratisches und ein kommunistisches Lager revertieren und so den Weg für eine geeinte Arbeiterschaft im Kampf gegen das Großunternehmertum und den in Europa aufkommenden Faschismus ebnen. Das Reichsbanner wiederum sah seine Hauptaufgabe im Schutz der Republik. Es sollte die republikanischen Parteien und Bewegungen bestmöglich unterstützen und im Laufe der Jahre auch vor Angriffen von Antirepublikanern schützen.

Hierzu sollten beide Organisationen wichtige Agitationsarbeit[5] in den Betrieben und auf den Straßen leisten, wie sie charakteristisch für die verschiedenen Kampfgruppen in der Zeit der Weimarer Republik war. In den Betrieben äußerte sich diese Agitationsarbeit hauptsächlich in der offenen Diskussion und damit einhergehender Politisierung unter den Arbeitern. Auf den Straßen waren hingegen Umzüge mit militärischer Disziplin sowie Musikkapellen, Fahnen, Fackeln und Gesang ein gängiges Agitationsmittel. Hinzu kamen große Versammlungen mit einem oder mehreren Rednern, die mit viel Leidenschaft und rhetorischem Talent zu den Massen sprachen. Nicht selten kam es bei diesen öffentlichen Veranstaltungen zu Reibereien mit Andersdenkenden. Diese Reibereien entwickelten sich sehr bald jedoch zu bewährten Störtaktiken, die auch an Brutalität und Gewalt zunahmen. Martialisch anmutende Namen einiger größerer Auseinandersetzungen, wie die „Blutnacht von Wöhrden" im März 1929, der „Altonaer Blutsonntag" am 17. Juli 1932 oder der „Blutmai" Anfang Mai 1929 lassen bereits erahnen, dass die Aufeinandertreffen mitunter tödlich verliefen.[6]

Das Gros der Auseinandersetzungen ist auf den RFB und die SA zurückzuführen, die sich an dem linken bzw. rechten Rand des politischen Spektrums

---

5 Agitationsarbeit umfasst hier die politische Aufklärungs- und Überzeugungsarbeit einer Gruppe oder Organisation. Die Art und Weise wie diese Agitationsarbeit betrieben wurde, unterschied sich mitunter stark und reichte von passiver und friedlicher Werbung bis zum aktiven und gewaltsamen Kampf mit Andersdenkenden.

6 Siehe fortführend zur Anwendung von Gewalt im politischen Diskurs in der Weimarer Republik: BRAUNE/ELSBACH, Visier sowie SCHUMANN, Gewalt. Für die Provinz Schleswig-Holstein gibt Wolfgang Kopitzsch einen kurzen Überblick: KOPITZSCH, Gewalttaten.

bewegten.[7] Dass es hier bereits aufgrund der politischen Gegensätzlichkeit zu Konflikten kam, bedarf keiner weiteren Erklärung. Ähnliches galt auch für das Verhältnis zwischen dem Reichsbanner und der SA. Während das Reichsbanner für die Republik und die demokratische Grundordnung eintrat, lehnte die SA diese strikt ab und arbeitete stattdessen auf einen Staat unter der Führung der NSDAP hin. Auch ein Blick auf die Mitgliederzusammensetzung offenbart hier eine Gegensätzlichkeit der drei Kampforganisationen.

Das Reichsbanner, das offiziell überparteilich, de facto aber zunehmend von der SPD geführt wurde, bestand zum Großteil aus Mitgliedern des sozialdemokratischen Milieus der Arbeiterschaft.[8] Die Mitglieder des RFB waren fast ausnahmslos Parteigänger der KPD oder Erwerbslose – meist ebenfalls aus der Arbeiterschaft der Industriestädte. Reichsbanner und RFB hatten demnach, als verlängerter Arm ihrer Trägerparteien, eine breite Basis in der sozialistischen Arbeiterbewegung.[9] Die SA bzw. NSDAP rekrutierte ihre Mitglieder hingegen im nationalkonservativen bis rechtsextremistischen Lager. Es ist daher weniger überraschend, dass weder das Reichsbanner noch der RFB der NSDAP und ihrer SA Sympathien entgegenbrachten, sie sogar als Feind betrachteten. Mit dem Wissen um die bestehenden Antipathien sowie dem weiteren Fortgang der Geschehnisse ab 1932 bis 1945 drängt sich unweigerlich die Frage auf, wieso sich keine schlagkräftige linke Oppositionsbewegung zur rechtsextremen NSDAP bzw. SA mobilisieren konnte.

1.2 Fragestellung und Vorgehen

Aus den dargestellten Umständen ergibt sich für die vorliegende Untersuchung die übergeordnete Frage nach einer linken Oppositionsbewegung, genauer ihrem Nichtvorhandensein. Hierzu ist es notwendig, das Verhältnis zwischen dem Reichsbanner und dem RFB in Schleswig-Holstein zu analysieren. Die Frage nach dem Verhältnis der beiden Organisationen in Schleswig-Holstein zueinander stellt den Kern dieser Arbeit dar. Die Betrachtung des Verhältnisses erfolgt dabei über mehrere Zugänge. Diese sollen sowohl auf politischer als auch auf organisatorischer Ebene Vergleichspunkte schaffen und so ein umfassendes Bild erzeugen, auf dessen Basis das Verhältnis abschließend bewertet werden kann. Genauer fragt die Arbeit nach politischen und organisatorischen Zielen,

---

7 Vgl. dazu: Kopitzsch, Gewalttaten, S. 21f.
8 Elsbach, Reichsbanner, S. 189.
9 Voigt, Arbeiterbewegung, S. 17.

Gemeinsamkeiten und Unterschieden, die mögliche Interaktionsspielräume eröffneten. Auch stellt sich die Frage nach dem Zustand und der damit zusammenhängenden Handlungsfähigkeit der Organisationen in Schleswig-Holstein. Anhand dieser Betrachtungen wird das Verhältnis zwischen dem RFB und dem Reichsbanner erörtert.

Den geografischen Rahmen dieser Arbeit bilden die Grenzen der preußischen Provinz Schleswig-Holstein. Mitunter wird auf die Gegebenheiten des benachbarten Hamburgs verwiesen, da die Hansestadt zusammen mit Schleswig-Holstein den Verwaltungsbezirk „Wasserkante" der KPD bildete. Der zeitliche Rahmen der Betrachtung orientiert sich an dem Zeitraum des gleichzeitigen Bestehens der beiden Organisationen, der mit der Phase der „relativen Stabilität" der Weimarer Republik (1924–1929) nahezu identisch ist. Nach seinem Verbot 1929 ist der RFB als Organisation spätestens 1930 nicht mehr greifbar, weshalb die Betrachtung hier faktisch ihr Ende findet.

Auf inhaltlicher Ebene wird mit einem kurzen Abriss der Geschichte Schleswig-Holsteins in der Weimarer Republik von 1918 bis 1923 begonnen. So soll dem Leser ein grundlegender Kontext in Bezug auf bedeutsame politische Ereignisse und sozioökonomische Besonderheiten der Provinz geboten werden, auf dem die Arbeit im weiteren Verlauf aufbauen wird. Ein Blick ins Reich ist an dieser Stelle mitunter unerlässlich. Daran anknüpfend erfolgt der Brückenschlag zu den zahlreichen Wehr- und Kampfverbänden in jener Zeit, an denen sich sowohl das Reichsbanner als auch der RFB stark orientierten. Ehe es dann zur Betrachtung der beiden Organisationen kommt, ist ein kurzer Exkurs notwendig, um den Leser über die kommunistische Strategie der Einheitsfront ins Bild zu setzen. Darauf aufbauend erfolgt die Betrachtung der beiden Organisationen von ihrer Gründung auf Reichsebene bis zu ihren ersten Schritten in Schleswig-Holstein. Ebenfalls wird hier ein Organisationsprofil erstellt, welches einen generellen Eindruck über die Ziele, das Auftreten und die Besonderheiten vermitteln soll. In einem Zwischenfazit werden diese Erkenntnisse dann zusammengefasst und mögliche Interaktionspotenziale herausgestellt.

Im Hauptkapitel erfolgt dann die Analyse des Verhältnisses zwischen Reichsbanner und RFB unter drei Gesichtspunkten, die sich unter den Schlagworten Konkurrenz, Kooperation und Konflikt zusammenfassen lassen. Hinter dem Schlagwort der Konkurrenz verbirgt sich einerseits die Betrachtung der generellen Entwicklung der Organisationen und andererseits die Darstellung der „Spielfelder", auf denen sich Reichsbanner und RFB begegneten und wie sie auf diesen miteinander agierten. Der Gesichtspunkt der Kooperation betrachtet potenzielle Kooperationspotenziale, die sich eröffneten und wie diese genutzt wurden. Als Untersuchungsgegenstand dient hierzu primär die Kampagne zur

Fürstenenteignung von 1926 und ferner die „Panzerkreuzer-Debatte" von 1928. Den Abschluss des Hauptkapitels bildet der Gesichtspunkt des Konfliktes, unter dem die ideologischen Differenzen und Konfliktlinien, die sich mit der Zeit ergaben, dargestellt werden. Namentlich sind dies das Verhältnis zum Militarismus, die Deutung des Faschismusbegriffes und der Bezug zur Gewalt.

Im letzten Kapitel wird die Neuausrichtung des RFB unter der „Sozialfaschismusthese" ab 1929 betrachtet. Nach einer kurzen Erklärung der Sozialfaschismusthese und ihrer Bedeutung für das Verhältnis zwischen Reichsbanner und RFB erfolgt dann die Darstellung des RFB-Verbots mitsamt seinen Versuchen, durch Neugründungen der endgültigen Auflösung zu umgehen. Ähnlich einem Ausblick wird abschließend der weitere Fortgang der Geschehnisse bis 1932 nachskizziert. Im Fazit werden dann alle Erkenntnisse prägnant zusammengefasst und ausgewertet, sodass es zu einer Beantwortung der eingangs gestellten Fragestellung kommen kann.

1.3 Quellenlage und Forschungsstand

Weder dem Roten Frontkämpferbund noch dem Reichsbanner Schwarz-Rot-Gold ist in der Forschung für den schleswig-holsteinischen Raum bisher ein gesondertes Interesse entgegengebracht worden. Während über das Reichsbanner immerhin für die Regionen um Eckernförde[10] und Eutin[11] sowie eine oberflächliche Skizzierung des Reichsbanner-Gaues Schleswig-Holstein[12] Arbeiten existieren, fehlen derlei Forschungen für den RFB-Gau Wasserkante nahezu gänzlich. Lediglich Werner Hinze beschäftigt sich in seiner Arbeit zur Bedeutung der Schalmei für die Agitationskultur des RFB in Hamburg mit dem kommunistischen Gau, richtet seinen Blick dabei jedoch primär auf die Stadt Hamburg.[13]

Die existierenden Betrachtungen der zwei Kampforganisationen in Schleswig-Holstein beschränken sich meist auf wenige Zeilen im Kontext größerer Untersuchungen gesamter Regionen. Eine detaillierte Analyse steht hier nicht im

---

10 SCHUNK/GREVE, Reichsbanner.
11 STOKES, Anfänge. Eutin war im zu untersuchenden Zeitraum jedoch Teil des Freistaat Oldenburgs und wurde erst im Zuge des Groß-Hamburg-Gesetzes 1937 in den NS-Gau Schleswig-Holstein eingegliedert.
12 WEBER, Bollwerk. Für den hier nicht behandelten Zeitraum der NS-Herrschaft (1933–1945) ist an dieser Stelle noch Hermann Schwichtenbergs Arbeit über den Widerstand des Reichsbanners in Münsterdorf zu nennen (SCHWICHTENBERG, Münsterdorf).
13 HINZE, Agitationskultur.

Fokus des Interesses und erfolgt daher auch nicht.[14] Für andere Regionen Deutschlands wurde diese Arbeit zum Reichsbanner und dem RFB hingegen geleistet.[15] Gesamtdarstellungen auf Reichsebene lassen sich hingegen zu beiden Organisationen finden.[16] Hervorzuheben sind hier noch immer Kurt Schusters Darstellung des RFB, die auch nach 50 Jahren nach ihrer Veröffentlichung noch immer die umfangreichste und detaillierteste Arbeit zum kommunistischen Kampfbund ist, sowie Sebastian Elsbachs 2019 veröffentlichte Dissertation zum Reichsbanner, die Karl Rohes Darstellungen von 1966, nicht nur aufgrund ihrer Aktualität, sondern auch aufgrund tiefgehender und umfangreicherer Betrachtung, als Klassiker in der Reichsbannerforschung ablöst.[17]

Eng mit den beiden Kampforganisationen verwoben sind auch ihre Trägerparteien. Für den Gau Wasserkante der KPD, der mit dem RFB-Gau Wasserkante identisch war, gibt es bis dato lediglich die Darstellung von Ingo Bleikamp, die im Rahmen seiner Examensarbeit 1977 erschienen ist und den hier zu behandelnden Zeitraum nur teilweise abdeckt.[18] An dieser Stelle wird auf regionale Studien als Mosaiksteine ausweichend zurückzugreifen sein, die zusammengesetzt

---

14 So in Bernhard Michael Menapaces Schilderungen der blutigen Auseinandersetzung zwischen der KPD und SPD in Geesthacht (MENAPACE, „Klein-Moskau"), Reimer Möllers Darstellung des politisch-sozialen Umbruchs im Kreis Steinburg (MÖLLER, Küstenregion), Gerhard Hochs Analyse zum Scheitern der Demokratie im ländlichen Raum in der Region Kaltenkirchen/Henstedt-Ulzburg (HOCH, Scheitern), Ulrich Pfeils Betrachtung der KPD im ländlichen Raum um Heide (PFEIL, KPD), Matthias Schartls Untersuchung des linksradikalen Milieus in Flensburg (SCHARTL, Flensburg) sowie Hansjörg Zimmermanns Arbeit zur Sozialstruktur in Lauenburg (ZIMMERMANN, Lauenburg).

15 Während sich in Bezug auf das Reichsbanner für einige Provinzen bzw. Gaue und Städte gleich mehrere Arbeiten finden lassen, wurden andere Regionen wenig bis gar nicht behandelt. Siehe hierzu folgende Arbeiten: BÖHLES, Erkenntnis (Pfalz); FRICKE, Wolfenbüttel (Wolfenbüttel); HARTER, Republik (Baden); HERLEMANN, Gau (Magdeburg-Anhalt); KOHLMANN, Württemberg (Württemberg); KORTUM, Braunschweig (Braunschweig); KREUTZ, Republik (Rhein-Neckar-Region); LENSING, Emsland (Emsland); MINTERT, Republik (Wuppertal); SCHRÖDER, Kriegerverein (Bremen); ULRICH, Freiheit (Hessen); VOIGT, Arbeiterbewegung (Sachsen). Für den RFB lassen sich weitaus weniger Arbeiten finden: BERS, Rheinland (Rheinland); HERMANN, Frontkämpferbund (Dresden u. Ostsachsen); VOIGT, Arbeiterbewegung (Sachsen).

16 Ein Überblick über die verschiedenen Kampforganisationen und Wehrverbände findet sich bei: FINKER, Wehrverbände.

17 ELSBACH, Reichsbanner; ROHE, Reichsbanner; SCHUSTER, Frontkämpferbund.

18 BLEIKAMP, KPD.

einen Überblick über die Aktivität der KPD in Schleswig-Holstein ermöglichen.[19] Auch wenn das Reichsbanner keine reine Organisation der SPD, sondern der republikanischen Parteien war, stand sie der SPD doch am nächsten, weshalb die Betrachtung der schleswig-holsteinischen SPD-Ortsgruppen hier wichtige Erkenntnisgewinne erbringen kann – ihre Geschichte ist hinreichend dargestellt.[20]

Die als bestenfalls spärlich zu bezeichnende Forschungslage zum Thema erlaubt nicht nur den Rückgriff auf zahlreiche Quellen, sondern verlangt es sogar. Die Quellenlage präsentiert sich hierbei jedoch als ergiebig. Im Landesarchiv Schleswig-Holstein in Schleswig finden sich zahlreiche Akten, die Quellenmaterialien zum RFB und dem Reichsbanner bereithalten.[21] Ergänzt werden diese hauptsächlich durch das Aktenmaterial zur KPD sowie zu der SPD in Schleswig-Holstein. Auch in den Beständen der Stiftung Archiv der Parteien und Massenorganisationen der DDR im Bundesarchiv (SAPMO-BA) in Berlin-Lichterfeld finden sich einige aufschlussreiche Quellen zur Thematik.[22]

Die Zusammensetzung der Akten präsentiert sich als heterogen und mitunter willkürlich, sodass sich gesamte Zeitungsausgaben sowie einzelne Artikel, interne Organisationsschreiben, Polizeiberichte und Verwaltungsschreiben in ihnen finden. Das Gros stellen dabei die Berichte der Behörden und die internen Organisationsschreiben dar, die zusammen etwa 90 % des zur Verfügung stehenden Materials darstellen. Die chronologische Sammlung der Quellen in den Akten erleichtert mitunter zwar die Recherche, kann jedoch keinerlei Anspruch auf Kohärenz, geschweige denn Vollständigkeit erheben. Daher sei an dieser Stelle anzumerken, dass so, trotz der großen Menge an Quellen, dennoch Lücken bleiben, sodass die Analyse an mancher Stelle nicht so tief greifen kann wie erhofft. Generell ist hierzu festzustellen, dass sich der Großteil des vorhandenen Quellenmaterials mit dem RFB bzw. der KPD befasst, weshalb die nachfolgende Betrachtung zu großen Teilen auf der Basis dieser Quellen stattfindet und das

---

19 MÖLLER, Küstenregion; PFEIL, KPD; SCHARTL, Flensburg; ZIMMERMANN, Lauenburg.
20 Grundlegend zur SPD in Schleswig-Holstein: JACOBSEN, Stolz.
21 Zum RFB sind dies hauptsächlich: LASH 301-4545; 301-4546; 301-4547; 301-4548; 301-4549; 309-22703; 309-22666; 309-22723; 320.2-141. Zum Reichsbanner: LASH 301-3520; 309-22564; 309-22750; 309-22795; 384.1-19; 384.1-20. Für die vorliegende Arbeit wären auch die Quellenmaterialen von dem ehemaligen Reichsbannermitglied Franz Osterroth aus Kiel, auf die Karl Rohe im Rahmen seiner Arbeit zum Reichsbanner zugreifen konnte, von potenziell unschätzbarem Wert gewesen. Diese waren jedoch nicht zugänglich. ROHE, Reichsbanner, S. 8.
22 Für diese Arbeit wurde lediglich auf die digitalisierten Bestände zurückgegriffen.

Verhältnis zum Reichsbanner überwiegend aus kommunistischer Perspektive beleuchtet.

Dem fragmentarischen Charakter der Quellen zum RFB bzw. der KPD als auch zum Reichsbanner liegen gleich mehrere Ursachen zugrunde. Zuvorderst die umfangreiche Vernichtungsarbeit der Nationalsozialisten, die nach 1933 vielerorts die Geschäftsstellen sozialdemokratischer und kommunistischer Organisationen verwüstet und Material vernichtet hatten. So wird Lawrence Stokes Vermutung, dass bei der Verwüstung des Kieler Gewerkschaftshauses im März 1933 die Mitgliederlisten und weitere Unterlagen des Reichsbanners in Schleswig-Holstein vernichtet wurden, wohl der Wahrheit entsprechen.[23] Darüber hinaus wird insbesondere auf kommunistischer Seite die mangelhafte Organisationsstruktur ihren Anteil daran haben, dass Informationen aus erster Hand nicht mehr vorhanden sind.[24] Der Umstand, dass der RFB unter stetiger Beobachtung der Behörden stand, wird dazu geführt haben, dass es im eigenen Interesse der Rotfrontkämpfer war, dass detaillierte Dokumente wie Protokolle und Mitgliederlisten auf ein notwendiges Minimum reduziert blieben.[25] Vieles ging wohl auch im Zuge des RFB-Verbots im Mai 1929 verloren, als die RFB-Ortsgruppen von der Bundesführung aufgerufen worden waren, alle Dokumente zu zerstören, um so zu verhindern, dass diese in die Hände der Behörden gelangten.[26] Für das Reichsbanner wird das Gegenteil der Fall gewesen sein. Wie schon Klaus Karl Rohe bemerkte, wird ihm, als staatstreue Organisation, kein großes Interesse von den Überwachungsorganen des Staats entgegengebracht worden sein, was wiederum den Mangel an polizeilichen Dokumenten erklärt.[27]

Die Auswertung von Rundschreiben der Bundes-, bzw. Gauvorstände und Zeitungsartikeln erlaubt eine Darstellung der politischen Ziele und Stoßrichtungen der beiden Organisationen. Hierzu wird hauptsächlich auf die vorhandenen Quellen und Zeitungsausgaben im LASH zurückgegriffen. Ergänzend dazu

---

23 STOKES, Anfänge, S. 335. Auch Hans-Heinz Brandt stellt die gleichen Vermutungen an. Vgl. BRANDT, Gewerkschaftsbewegung, S. 106.
24 Siehe ausführlich hierzu weiter unten Kapitel 4.1.2. Diese Vermutung wird durch die gute Quellenlage für den Gau Berlin-Brandenburg, in dem es gelungen war, effiziente und zuverlässige Strukturen zu errichten, untermauert.
25 Dieses Vorgehen bestätigt der Ortsgruppenführer in Wesselburen. Der erklärte, *dass alle Mitteilungen mündlich weitergingen, Schriftstücke würden nicht verteilt oder aufbewahrt.* LASH 309-22666, Der Landrat in Heide vom 14.05.1929.
26 LASH 309-22666, Der Landrat in Heide vom 14.05.1929; Der Landrat in Ratzeburg vom 10.05.1929.
27 ROHE, Reichsbanner, S. 7.

bietet die Studie der Reichsbannerzeitung *Das Reichsbanner* (RBZ), die in digitalisierter Form auf der Homepage des Reichsbanners Schwarz-Rot-Gold zugänglich ist, wichtige Einblicke in die Arbeit des Reichsbanners auf Reichs- sowie auf Gauebene.[28] Neben dem organisationsinternen und dem behördlichen Blickwinkel ermöglicht die Auswertung der schleswig-holsteinischen Tageszeitungen zudem noch die Betrachtung aus gesellschaftlicher Sicht.[29] Diese, genannt sei hier exemplarisch die *Schleswig-Holsteinische Volkszeitung* (SHVZ), sind in der Schleswig-Holsteinischen Landesbibliothek in Kiel auf Mikrofilm zugänglich.[30] Im Staatsarchiv der Stadt Hamburg finden sich leider keine Quellen mit direktem Bezug zum RFB oder dem Reichsbanner, jedoch ist hier immerhin die *Hamburger Volkszeitung* (HVZ), die kommunistische Tageszeitung für den Gau Wasserkante, zugänglich.[31]

1.4 Erkenntnisziele

Wie durch die Darlegung der Quellen- und Forschungslage offenbart wurde, stößt die Arbeit in eine Forschungslücke, mit deren Erschließung auch weitere Fragestellungen berührt werden und auch dort einen Erkenntnisgewinn generieren können. Die Betrachtung von Reichsbanner und dem RFB in Schleswig-Holstein birgt zudem neue Erkenntnisgewinne für die regionalgeschichtliche Aufarbeitung des Aufstiegs der NSDAP, indem nach weiteren Akteuren in der Provinz gefragt wird. Durch den so vergrößerten Betrachtungswinkel wird eine noch umfassendere Beschäftigung mit der Thematik ermöglicht. Doch nicht nur in Bezug auf den Aufstieg der Nationalsozialisten, sondern auch in Bezug auf die Trägerparteien, respektive SPD und KPD, sollen so neue Erkenntnisse

---

28 Die Sammlung umfasst alle Ausgaben der RBZ von 1924 bis 1933. Zudem finden sich dort auch die Beilagen der Gaue sowie des Jungbanners. Für den Gau Schleswig-Holstein wurde keine eigene Beilage herausgebracht, er wurde jedoch in der Beilage für die Gaue Hamburg-Bremen-Nordhannover (RBZ-GHBN) berücksichtigt. Abrufbar unter https://www.reichsbanner-geschichte.de/zeitungen (zuletzt am 12.09.2022 um 14:39 Uhr).
29 Über die Parteinahme der meisten Tageszeitungen ist an anderer Stelle bereits ausführlich geschrieben worden. Siehe hierzu: BIGGA/DANKER, Volkszeitung.
30 Eine komplette Durchsicht aller Ausgaben und Zeitungen konnte im Rahmen dieser Arbeit nicht geleistet werden, weshalb auf sie nur im Kontext größerer Ereignisse zurückgegriffen wird.
31 Wie Werner Hinze vermutet, ist die spärliche Quellenlage im Hamburger Staatsarchiv wohl auf Brand- und Kriegsschäden zurückzuführen. HINZE, Agitationskultur, S. 9.

gewonnen werden, die eine ganzheitlichere Darstellung, ihres politischen Wirkens und ihrer Bedeutung in Schleswig-Holstein voranbringen. Insbesondere in Bezug auf die Erforschung der KPD und des RFB soll diese Arbeit Pionierarbeit leisten, auf der weiter aufgebaut werden kann. Auch soll sie einen Beitrag zur Erforschung der politischen Kampforganisationen in der Weimarer Republik leisten. Obgleich sie für die Geschichte der Weimarer Republik so bedeutsam sind, ist ihnen in der Forschung bisher dennoch nur wenig Aufmerksamkeit entgegengebracht worden.

2. Erste Gehversuche einer Republik

Abstract: The following chapter will focus on the political situation of the province of Schleswig-Holstein after the first World War and the consequential rise of political combat groups. The challenges faced by the Weimar Republic and the province of Schleswig-Holstein, both governed by the Social Democratic Party, were compounded not only by the political efforts to establish a democratic system, but also by the economic hardships and political ramifications of the Versailles Treaty. Meanwhile, the republic's capital, Berlin, experienced a four-day regime change in wake of the Kapp-Lüttwitz-Coup, before it ended due to a general strike. In Schleswig-Holstein the referendum on the affiliation of Schleswig, stipulated in the Versailles Treaty, caused great resentment among the local population, as the northern part of Schleswig voted to join Denmark. In general, the Versailles Treaty deepened the trenches between the existing political camps. The dissatisfaction and the political debates favored the emergence of political combat groups. These violent grouping were initially mainly associated with the right-wing political camps, but began to emerge across the entire political spectrum.

2.1 Schleswig-Holstein nach dem Ersten Weltkrieg

Will man die politische und gesellschaftliche Entwicklung Schleswig-Holsteins in der Zeit der Weimarer Republik untersuchen, ist zunächst ein Blick auf die Landkarte und die sozioökonomischen Umstände notwendig, denn, wie bereits Rudolf Rietzler korrekt feststellte, war „das politische Leben Schleswig-Holsteins […] vor allem von der geographischen Lage und der damit eng verknüpften historischen Entwicklung geprägt."[32] Ein erster Blick auf die geographischen Gegebenheiten lässt bereits erkennen, dass die preußische Provinz zwischen Nord- und Ostsee zum allergrößten Teil landwirtschaftlich geprägt war. Aufgebrochen wurde das Landschaftsbild lediglich in seiner Peripherie, wo die Städte Flensburg und Kiel an der Ostseeküste sowie Wandsbek und Altona an der Grenze zu Hamburg im Süden, im beginnenden 20. Jahrhundert zu bedeutsamen Industriezentren herangewachsen waren. Einzig Neumünster stach als industrielle Insel in der Mitte Schleswig-Holsteins hervor.[33] Obgleich sich die Industrie größtenteils lediglich auf diese fünf Industriestädte konzentrierte, machten sie ungefähr ein Drittel der schleswig-holsteinischen Gesamtbevölkerung aus.[34] Im

---

32 Rietzler, Nordmark, S. 107.
33 Stoltenberg, Strömungen, S. 9f.
34 Insgesamt lebten etwa 41 % der schleswig-holsteinischen Gesamtbevölkerung in Städten. Vgl. Rietzler, Nordmark, S. 24.

Umkehrschluss bedeutet dies, dass die Bevölkerung mehrheitlich auf dem Land lebte und auch arbeitete. Es wird dennoch ersichtlich, dass der Ruf als „protypisches Bauernland", den die Provinz auch in der Weimarer Republik noch innehatte, nicht mehr ganz zutreffend war.[35]

Bedingt durch die Industrialisierung, die in der zweiten Hälfte des 19. Jahrhunderts auch Schleswig-Holstein erreichte, entstanden in den genannten Städten erste Industriebetriebe. In der Folge zog es immer mehr Arbeiter vom Land in die Stadt. Spätestens als man dort begann, sich in den Betrieben gewerkschaftlich zu organisieren und für bessere Arbeitsbedingungen einzutreten, lockten die Städte auch Arbeiter über die Provinzgrenzen hinaus in den Norden des Reiches. Die organisatorische Kraft hinter den Gewerkschaften war dabei der Allgemeine Deutsche Arbeiterverein (ADAV), der mit seiner Gründung 1863 erstmals lassalleanische Ideen nach Schleswig-Holstein brachte.[36] Die sozialistischen Ideen Lassalles fielen, insbesondere in der Arbeiterschaft, auf sehr fruchtbaren Boden, sodass sich schon nach kurzer Zeit eine breite sozialdemokratische Mitgliederbasis aufgebaut hatte, die die Provinz schon in den 1870er Jahren zu einer „Hochburg der Sozialdemokratie" avancieren ließ.[37] Das autoritäre System des Kaiserreiches betrachtete den Aufstieg der Sozialdemokratie hingegen mit argwöhnischem Blick und versuchte ihren Einfluss so gering wie nur möglich zu halten, da man ihr ein aufrührerisches Potenzial beimaß.[38] Ähnliches galt für das Bauern- und Bürgertum, die mehrheitlich nicht mit den sozialistischen Ideen der SPD, sondern mit national-konservativen Parteien sympathisierten. Unter ihnen machte sich schon sehr bald eine gewisse Furcht vor der „Roten Flut", einer Machtübernahme der Sozialisten, breit. Agitations- und Diffamierungskampagnen rechter Parteien, in denen vor „vaterlandslosen Gesellen", „Umstürzlern" und „Gottesfeinden" gewarnt wurde, zeigen deutlich, dass versucht wurde, ein Sammelbecken für nationale, christliche und konservative

---

35 Ebd., S. 22f. Für eine umfassende Darstellung siehe fortführend immer noch: STOLTENBERG, Strömungen, S. 7f.

36 DANKER, Hochburg, S. 18f.; RÖDEL, Start, S. 77f.; 1875 vereinigte sich der ADAV mit der Sozialdemokratischen Arbeiterpartei (SDAP) zur Sozialistischen Arbeiterpartei Deutschland (SAP). Aus ihr ging 1890 die Sozialdemokratische Partei Deutschlands hervor.

37 DANKER, Hochburg, S. 31f.; STRATH, Arbeiterbewegung, S. 289f.

38 Dies zeigte nicht zuletzt das Sozialistengesetz von 1878. Zum Sozialistengesetz und zum generellen Verhältnis zwischen der Sozialdemokratie und der staatlichen Behörden bis zum Ersten Weltkrieg vgl. DANKER, Hochburg, S. 34f.; KLATT, Sozialdemokratie; RÖDEL, Start.

Bewegungen zu kreieren.[39] Mit dem Ausbruch des Ersten Weltkrieges und der Verständigung auf den sogenannten Burgfrieden beruhigte sich die politische Lage jedoch vorerst.[40]

Von der folgenden Umstellung der Friedens- auf die Kriegswirtschaft profitierten im besonderen Maße die Industriestädte. Zuvorderst Kiel, das bereits mit der Reichsgründung 1871 zum Reichskriegshafen ernannt worden war und seitdem einen starken wirtschaftlichen Aufschwung verzeichnen konnte.[41] Aufgrund der absehbaren Kriegsniederlage, schlechten Arbeitsbedingungen und anhaltender Versorgungsengpässe mit Lebensmitteln entwickelte sich hier schon sehr bald ein explosives politisches Gemisch.[42] Hinzu kam die russische Revolution von 1917, die hier, wie auch in vielen weiteren Teilen des Reiches, hohe Wellen schlug.[43] Das Aufstandsbewusstsein, das in den Massen der Arbeiterschaft rumorte und einige Monate später die Novemberrevolution lostreten sollte, flackerte dann erstmals im Zuge der Januarstreiks 1918, bei denen auch in schleswig-holsteinischen Industriestandorten gestreikt wurde, auf.[44] Im konservativen Lager schürten die Streiks die Angst vor einer „Roten Revolution", was eine rasch anlaufende Politisierung zur Folge hatte. Das Spannungsverhältnis zwischen den sozialistisch geprägten Arbeitermilieus der Städte auf der einen und den wohlhabenden Großbauern auf dem Land sowie dem Bürger- und Beamtentum auf der anderen Seite spitzte sich weiter zu.[45]

„In Kiel ist Revolution", notierte Nikolaus Andresen, ein Kieler Werftarbeiter, am 5. November 1918 in prophetischer Erkenntnis in sein Tagebuch, als es erstmals zu gewaltsamen Zusammenstößen zwischen Matrosen und der Polizei

---

39 RIETZLER, Nordmark, S. 53.
40 DANKER, Hochburg, S. 34; KOLLEX, Revolutionsangst, S. 22f.; RIETZLER, Nordmark, S. 27f.
41 EPKENHANS, Marine, S. 22f.
42 Zu Kriegsende machte die Arbeiterschaft hier ca. 70 % der Erwerbstätigen aus. Es ist daher nicht verwunderlich, dass die Sozialdemokraten in der Fördestadt einen besonders starken Rückhalt vorweisen konnten. KOLLEX, Revolutionsangst, S. 22 f.; SCHULTE/WEBER, Unabhängige, S. 308; STRATH, Arbeiterbewegung, S. 286. Zur Rolle der Sozialdemokraten in Kiel während des Ersten Weltkrieges siehe: FISCHER, Linke; SCHULTE/WEBER, Unabhängige.
43 KOLLEX, Revolutionsangst, S. 19f.; zu der russischen Revolution von 1917 und ihren Einfluss auf die deutsche Revolution 1918 siehe fortführend: BABEROWSKI, Furie; FRANKE, Boot.
44 SCHARTL, Flensburg, S. 33f.
45 RIETZLER, Nordmark, S. 46f.

gekommen war.[46] Von Kiel ausgehend, erfasste die Revolution in kurzer Zeit immer weitere Teile des Reiches; vielerorts, so auch in Schleswig-Holstein, übernahmen Arbeiter- und Soldatenräte die Kontrolle über die örtlichen Verwaltungen.[47] Das revolutionäre Momentum wussten insbesondere die Sozialdemokraten für sich zu nutzen. So stellten sie sich an die Spitze der Arbeiter- und Soldatenräte, um sich so in eine günstige Position für den weiteren Fortgang der politischen Geschehnisse bringen zu können.[48] Bereits wenige Tage später, am 9. November, erreichte die Revolution Berlin. Kaiser Wilhelm II. musste abdanken, woraufhin Philipp Scheidemann die Republik ausrief – das Wilhelminische Kaiserreich war untergegangen.[49] Doch der Start der neuen Republik wurde von Gewalt, Streiks und Chaos begleitet. Bis zu den Wahlen zur Deutschen Nationalversammlung im Januar 1919 kam es wiederholt zu gewaltsamen Aufständen. Den Höhepunkt bildete der von Linksradikalen organisierte „Spartakusaufstand".[50] Aus den Wahlen im Januar gingen die Sozialdemokraten als deutlicher Sieger hervor, so auch in Schleswig-Holstein, wo sie beinahe 50 % der Wählerstimmten erhielten.[51]

Die Erwartungen an die von der Mehrheitssozialdemokratischen Partei Deutschlands (MSPD)[52] angeführten neu gewählten Weimarer Koalition waren groß. Nicht nur galt es, die Republik in außenpolitisch und wirtschaftlich sichere Gewässer zu manövrieren, sondern auch die innenpolitischen Spannungen zu lösen. Dies erwies sich in den folgenden Monaten jedoch als schwierig, da diese drei Baustellen in einem reziproken Verhältnis zueinanderstanden und in

---

46 KUHL, Kiel, S. 53.
47 WULF, Revolution, S. 548f.
48 KOLLEX, Revolutionsangst, S. 18f.
49 Die letzten Kriegsmonate sowie die Oktober- und Novemberrevolution sind in der Literatur hinreichend dargestellt. Siehe daher überblicksartig: JONES, Gewalt sowie ULLRICH, Revolution. Der Matrosenaufstand in Kiel sowie der weitere Fortgang der Geschehnisse im November in Schleswig-Holstein wurden ausgiebig behandelt von: KOLLEX, Revolutionsangst; Ders., Ruhe; LÜBCKE, November; RACKWITZ, 1918.
50 GÖLLNITZ, Paramilitärs, S. 202f.; siehe fortführend zum Spartakusaufstand: JONES, Gewalt, S. 149–236.
51 RIETZLER, Nordmark, S. 107.
52 Während des Ersten Weltkrieges kam es aufgrund der „Burgfriedenpolitik" zu Spannungen innerhalb der SPD. In der Folge spaltete sich der linke Flügel zur Unabhängigen Sozialdemokratischen Partei Deutschlands (USPD) von der großen Mehrheit der Partei, der fortan Mehrheitssozialdemokratischen Partei Deutschlands ab. Vgl. dazu: KRAUSE, USPD.

der Folge zu einer gesellschaftlichen Politisierung und Radikalisierung beitrugen. Die Erwartungshaltung an die MSPD war dabei ungleich höher als an die anderen Regierungsparteien, hatten sie sich im November doch an die Spitze der revolutionären Bewegung gestellt. Umso schneller verpuffte die euphorische Stimmung dann in den folgenden Monaten – stattdessen machte sich Enttäuschung breit. Zu gering bewertete man die Erfolge, die man nach der Revolution erreicht hatte. Erfüllten sich unter anderem die Forderungen nach dem Achtstundentag, der Anerkennung der Gewerkschaften und dem Frauenwahlrecht, wogen die ausbleibende Sozialisierung und eine fundamentale Personal- und Verwaltungsreform in Militär, Justiz und Bürokratie besonders schwer. In Bezug auf letztere hatte man von Regierungsseite einen Kompromiss eingehen müssen, da man die Ansicht vertrat, dass man vorerst auf die Stabilität des alten Systems angewiesen war, wollte man sich der Bedrohung von links erwehren und nicht im Chaos der Nachkriegszeit untergehen.[53]

Die Bedrohung von links ging in den frühen Jahren der Republik von der USPD und der neu gegründeten KPD aus.[54] Ihre Anhänger stammten hauptsächlich aus den Arbeiterschaften der Industriestädte und forderten noch radikalere Reformen. Die KPD lehnte die republikanische Staatsform sogar gänzlich ab und hatte zum Ziel, diese mit Waffengewalt durch eine Räterepublik nach russischem Vorbild zu ersetzen.[55] Wenngleich die Kommunisten anfangs kaum Anklang fanden und lediglich bei Erwerbslosen und zurückgekehrten

---

53 JACOBSEN, Stolz, S. 212f.; Wie durchdrungen der behördliche Apparat auch noch Jahre später von rechtsgesinnten Staatsdienern war, zeigt eindrucksvoll ein Schreiben vom Oberpräsidenten der Provinz Ostpreußen Ernst Sieher vom 08.07.1922, in dem er sich genötigt sah, die preußischen Beamten erneut an die *loyale Erfüllung des auf die Verfassung geleisteten Eides* zu erinnern. Weiter fordert er die Beamten auf *sich jeglicher Aeusserungen zu enthalten, welche sich gegen die bestehende Staatsordnung, gegen Mitglieder der jetzigen oder einer früheren Regierung richteten.* Vgl. hierzu: LASH 301-4496, Schreiben des Oberpräsidenten vom 08.07.1922.
54 Vgl. zur Gründung der USPD: KRAUSE, USPD; und mit Bezug zu Schleswig-Holstein: FISCHER, Linke; SCHULTE/WEBER, Unabhängige. Die KPD gründete sich über den Jahreswechsel 1918/19 aus dem linken Flügel der USPD. Vgl. dazu: WEBER, KPD. Ihre charismatischen Führer Rosa Luxemburg und Karl Liebknecht wurden wenige Tage später während des Spartakusaufstandes getötet. Vgl. dazu: JONES, Gewalt, S. 217f.
55 BAYERLEIN, Komintern, S. 168; JENTSCH, KPD, S. 77; KOCH-BAUMGARTEN, Märzaktion, S. 15f.

Frontsoldaten auf eine gewisse Resonanz stießen, trugen sie dazu bei, dass in der Bevölkerung die Angst vor einer bolschewistischen Revolution zunahm.[56] Die Angst vor der bolschewistischen Revolution mobilisierte insbesondere die politische Rechte. Der „Ludergeruch der Revolution"[57], den man der MSPD aus dem rechten Lager beimaß, haftete ihr noch immer an und auch die „Dolchstoßlegende"[58], die sich zunehmend verbreitete, vergrößerte das Misstrauen ihr gegenüber. In Schleswig-Holstein kam diese Angst überwiegend aus dem Bürger- und Bauerntum.[59] Sie mobilisierten sich aus Furcht vor einer grundlegenden Umwälzung der Gesellschaftsordnung und der Besitzverhältnisse.[60] Ihren Kampf gegen die „Rote Welle" unterstützten nach dem Krieg nun auch Revanchisten, die die Republik verachteten und zu einem monarchischen Staat zurückkehren wollten – wenn nötig auch mit Waffengewalt. Sie bestanden hauptsächlich aus alten Militärs, Teilen des Adels und der ehemaligen kaiserlichen Verwaltungsspitze.[61] Als Sammelbecken dieser Kräfte, die von bürgerlich-konservativ bis reaktionär-rechtsextrem reichten, etablierte sich die Deutschnationale Volkspartei (DNVP).[62] Sie stand für eine antidemokratische, nationalistische und antisemitische Ideologie und ebnete den Weg für die Nationalsozialistische Deutsche Arbeiterpartei, die ihren Erfolg zum Ende der 20er Jahre weit übertreffen sollte.[63]

Die Trias aus politischen, wirtschaftlichen und gesellschaftlichen Spannungen erzeugte ein höchst politisiertes und gewaltgeladenes Klima innerhalb der deutschen Bevölkerung. Überall in der Republik kam es zu kleineren Aufständen und gewaltsamen Auseinandersetzungen von links und rechts. Bewaffnete Gruppierungen prägten zunehmend den politischen „Diskurs".[64] In Schleswig-Holstein

---

56 GÖLLNITZ, Paramilitärs, S. 202.
57 RIETZLER, Nordmark, S. 91.
58 Zur „Dolchstoßlegende" siehe fortführend: BARTH, Dolchstoßlegenden.
59 HEBERLE, Landbevölkerung, S. 107f.
60 PAETAU, Konfrontation, S. 236f.; RIETZLER, Nordmark, S. 84.; STOLTENBERG, Strömungen, S. 56f.
61 RIETZLER, Nordmark, S. 100f.
62 Ebd., S. 128. Auch die Deutsche Volkspartei (DVP) konnte anfangs noch Wahlerfolge erzielen, rückte neben der DNVP jedoch zusehends in den Hintergrund. Vgl. hierzu: Ebd., S. 90f.
63 Ebd., S. 97f.
64 BARTH, Freiwilligenverbände, S. 96f.; GÖLLNITZ, Paramilitärs, S. 202; An dieser Stelle sei anzumerken, dass die Angehörigen der Freikorps in den ersten Monaten nach dem Zusammenbruch des Kaiserreiches nicht ausschließlich aus dem politischen Lager der Rechten, sondern aus allen Bereichen des politischen Spektrums stammten. Was sie einte, waren jedoch starke national geprägte Vorstellungen und das Ziel, die neue

blieb es jedoch vergleichsweise ruhig.⁶⁵ Zusätzlich dazu bildeten sich, vom Staat begrüßt, kleinere Einwohnerwehren, die die Arbeit der örtlichen Sicherheitskräfte unterstützten. Ihr Handeln war weniger politisch motiviert; so auch in Schleswig-Holstein.⁶⁶

Mit der Unterzeichnung des Versailler Vertrags änderte sich dann die politische Lage auch in Schleswig-Holstein. Wie überall in der Republik wurde der Friedensvertrag auch in der Provinz als ungerechte Demütigung wahrgenommen.⁶⁷ Für den schleswig-holsteinischen Raum waren jedoch die Volksabstimmung über die staatliche Zugehörigkeit Schleswigs sowie die Demilitarisierung des deutschen Militärs von besonderer Bedeutung.

Die wirtschaftliche Verfassung Schleswig-Holsteins war nach dem Krieg äußerst schlecht. Der Nachkriegsboom im Reich hatte die Provinz im Norden nicht erfasst. Die Umstellung von Kriegswirtschaft auf Friedensproduktion und die lähmende Inflation stellte Industrie, Handwerk und Landwirtschaft vor große Probleme; weitgreifende Arbeitslosigkeit war die Folge. Hinzu kamen die Kriegsrückkehrer, die, zusätzlich zu den vielen Erwerbslosen, in die Wirtschaft integriert werden mussten. Erschwerend kam nun noch die im Friedensvertrag vereinbarte Demilitarisierung hinzu. Der Abbau des Militärs traf in Schleswig-Holstein insbesondere die Stadt Kiel, die so ihren wichtigsten Auftraggeber, die Marine, verlor.⁶⁸

Auch die Volksabstimmung in Schleswig verstärkte die Spannung innerhalb der schleswig-holsteinischen Bevölkerung.⁶⁹ Die nördliche Zone, die im Februar abgestimmt hatte, entschied sich mehrheitlich für eine dänische Zugehörigkeit,

---

Regierung vor Chaos und Anarchie zu schützen. Vgl. dazu: BARTH, Freiwilligenverbände, S. 105.
65 GÖLLNITZ, Paramilitärs, S. 202f.; vereinzelt kam es in Schleswig-Holstein zu kleineren Auseinandersetzungen. So kam es beispielsweise in Kiel zu den Januar- und Februarunruhen 1919, die aber keine bedeutsamen politischen Folgen hatten. Vgl. dazu: Ebd., S. 204f.; RACKWITZ, 1918, S. 219f.
66 JENSEN, Einwohnerwehren, S. 256f.; ZIMMERMANN, Einwohnerwehren, S. 190f.
67 Insbesondere der Kriegsschuldartikel, der den Deutschen und seinen Verbündeten die alleinige Kriegsschuld zuwies, sorgte für großen Unmut. Dieser war auch die Grundlage für die massiven Reparationszahlungen, die die Republik in den folgenden Jahren wirtschaftlich schwer belasten sollte. Siehe allgemein zur politischen und gesellschaftlichen Lage Schleswig-Holsteins nach dem Ersten Weltkrieg: WULF, Revolution, S. 545f.
68 DANKER/SCHWABE, Nationalsozialismus, S. 11f.
69 Weiterführend zur Volksabstimmung 1920 in Schleswig siehe: ADRIANSEN/DOEGE, Deutsch; SCHLÜRMANN, 1920.

die südliche Zone, die im März abgestimmt hatte, mehrheitlich für Deutschland. Dennoch zeigte man sich auf beiden Seiten der Grenze unzufrieden. Auf deutscher Seite sah man die Schuld für die verlorenen Gebiete schnell bei den Sozialdemokraten, die den „Diktatfrieden" unterzeichnet und die Abstimmung so erst ermöglicht hatten. In der Folge bildete sich, insbesondere in der Grenzregion, ein ausgeprägter Grenzrevanchismus, der von starken nationalistischen Vorstellungen begleitet wurde.[70] Zeitgleich zu der zweiten Abstimmungsphase im März 1920 kam es zum Kapp-Lüttwitz-Putsch, bei dem reaktionäre Kräfte kurzzeitig die Macht in Berlin übernommen hatten.[71] Auch in Schleswig-Holstein war man dem Aufruf zum Putsch gefolgt. Durch die Mobilisierung nationalistischer Gefühle im Zuge der Volkabstimmung war die rechte Konterrevolution hier auf fruchtbaren Boden gefallen. Insbesondere auf dem Land waren die Sympathien für die Putschisten groß. Auch in den Städten hatte man sich in Teilen zum Putsch bekannt, obgleich es hier hauptsächlich die Militärs und die Beamten der höheren Ebenen waren, die die vollziehende Gewalt übernahmen. Die Arbeiterschaft hatte hingegen eine oppositionelle Haltung eingenommen und war stattdessen dem Aufruf zum Generalstreik von Gewerkschaften und den linken Parteien gefolgt, der den Putsch wenige Tage später in die Knie zwingen sollte.[72]

Der Friedensvertrag von Versailles war Wasser auf die Mühlen des antisozialistischen und antirepublikanischen Lagers in Schleswig-Holstein. Nationalismus und Antirepublikanismus erfuhren eine Konjunktur. Insbesondere die Volksabstimmung schaffte es in weiten Teilen der politischen Landschaft, mitunter sogar im sozialdemokratischen Lager, den aus dem 19. Jahrhundert stammenden geschichtsromantisch-völkisch verklärten Mythos von Schleswig-Holstein als „Nordmark" und „Vorposten des Deutschtums" zu reaktivieren und gewisse nationalistische Ressentiments hochkochen zu lassen.[73] Besonders deutlich wird die wachsende Abneigung gegen die Republik auch in den

---

70 RIETZLER, Nordmark, S. 113f.; WULF, Revolution, S. 553f.
71 Siehe zum Kapp-Lüttwitz-Putsch mit Bezug auf Schleswig-Holstein: STAHNCKE, Altona, S. 254f.; RIETZLER, Nordmark, S. 122f.; ROCCA, Kiel.
72 STAHNCKE, Altona, S. 254f.; WULF, Revolution, S. 551f.; insbesondere in Kiel kam es während des Putschversuches zu gewaltsamen Auseinandersetzungen. Hierzu: GÖLLNITZ, Paramilitärs, S. 208; RIETZLER, Nordmark, S. 122f.
73 RIETZLER, Nordmark, S. 115f.; STOLTENBERG, Strömungen, S. 56.

Wahlergebnissen der Reichstagswahl von 1920, bei der nicht einmal die Hälfte aller Stimmen auf republikanisch-demokratische Parteien entfallen waren.[74]

Die Hypotheken des Ersten Weltkrieges lasteten schwer auf den Schultern der jungen Deutschen Republik. Die Wirtschaft lag am Boden und musste unter den erdrückenden Auflagen des Versailler Vertrags einen Weg finden zu gesunden. Im Lager der politischen Rechten brachen sich Revanchismus, Nationalismus und Antirepublikanismus Bahn, während auf der anderen Seite des politischen Spektrums weiterhin die Hoffnung auf eine Revolution nach russischem Vorbild gehegt wurde. Im Gegensatz dazu versuchte die Weimarer Koalition in der Mitte den republikanischen Gedanken zu verteidigen und gesellschaftlich zu verankern – mit nur bedingtem Erfolg.[75] Statt zuversichtlich in die Zukunft zu schauen, richtete man den Blick misstrauisch auf das Lager des politischen Gegners. Die Gewaltbereitschaft und das Gefühl, für einen Kampf gewappnet sein zu müssen, nahmen in der Gesellschaft zu. In der Folge bildete sich eine Vielzahl von Kampfgruppen unterschiedlichster politischer Orientierung, Organisationsstruktur, Zielsetzung, Größe und Schlagkraft.

2.2 Die Organisierung der politischen Gewalt

Nach der gescheiterten Konterrevolution von rechts im März 1920 trat die Versailler Vereinbarung zur Demilitarisierung in Kraft. Zehntausende Soldaten aus dem alten kaiserlichen Heer wurden entlassen, und auch die Freikorps wurden aufgelöst – aus ihren Resten entstand die 100.000 Mann starke Reichswehr. Mit den Entlassungen aus dem Heer und den Freikorps endete für viele Soldaten der Kampf jedoch nicht. Große Teile der Entlassenen begannen sich untereinander zu organisieren und gründeten Kampf- bzw. Wehrverbände, die mitunter starke antirepublikanische Tendenzen aufzeigten.[76] Obgleich die ersten Verbände dieser Art bereits 1919 in Deutschland entstanden, begann ihr Aufstieg im wachsenden Spannungsverhältnis zu den republikanischen Kräften erst mit der einsetzenden Demilitarisierung und den Ereignissen des Kapp-Lüttwitz-Putsches 1920. So gründeten sich rechtsorientierte Verbände wie der Stahlhelm,

---

74 RIETZLER, Nordmark, S. 105f. Aufgrund der Volksabstimmung im Februar bzw. März 1920 wurde die Reichstagswahl in Schleswig-Holstein erst im Februar 1921 durchgeführt. Das Wahlergebnis zur Reichstagswahl 1920 in Schleswig-Holstein lautete wie folgt: MSPD: 37,5 %, DNVP: 20,5 %, DVP: 18,4 %, DDP: 9,4 %, KPD: 6,1 %, Landespartei: 3,8 %, USPD: 3 %, Zentrum: 0,8 %. Vgl. ebd., S. 107.
75 HEBERLE, Landbevölkerung, S. 32; STOLTENBERG, Strömungen, S. 49.
76 Zum Begriff des Wehrverbandes siehe fortführend: VOIGT, Arbeiterbewegung, S. 31.

Bund der Frontsoldaten (Stahlhelm), der Wehrwolf, der Bund Wiking sowie die Organisation Consul (O. C.) und die Organisation Escherich (Orgesch).[77] Ihr Auftreten und Vorgehen unterschieden sich jedoch mitunter stark voneinander. Während der Stahlhelm die Aufmerksamkeit der Öffentlichkeit suchte und dabei betont militärisch auftrat, um so für ehemalige Frontsoldaten attraktiv zu erscheinen, agierten andere Verbände wie die Orgesch oder die O. C. im Geheimen. Ihr Ziel war weniger ihre Wahrnehmung in der Öffentlichkeit als vielmehr der radikale politische Kampf gegen die Republik. Was sie einte, war die wachsende Ablehnung der Deutschen Republik und die Sehnsucht nach der alten Ordnung des Kaiserreiches. Es ist daher nicht verwunderlich, dass einige Sympathisanten des Kapp-Lüttwitz-Putsches den genannten Verbänden nahestanden und/oder als Reaktion auf die Ereignisse in einen eintraten.[78]

Problematisch erscheint im Kontext der Radikalisierung auch die mangelhafte Strafverfolgung der Konterrevolutionäre sowie die im August 1920 erlassene Generalamnestie durch die Regierung, die alle beteiligten Putschisten, ausgenommen die führenden Köpfe, freigesprochen hatte. Von Regierungsseite her verpasste man hier die Chance, den gewaltbereiten rechtsextremen Flügel empfindlich zu schwächen und der zunehmenden Radikalisierung so einen Riegel vorzuschieben. Stattdessen blieben viele Strukturen bestehen und es kam zu einer zunehmenden Gewaltbereitschaft, da vermutlich keine allzu harten Konsequenzen zu erwarten waren.[79] Auf die politische Linke muss das Ausbleiben einer juristischen Aufarbeitung hingegen alarmierend gewirkt haben. Der Staat, dem man am linken Rand ohnehin schon keinerlei Regierungsqualitäten beimaß, wollte oder konnte, so musste man annehmen, sich nicht gegen die Aggressionen von rechts erwehren. Stattdessen ließ man sie frei gewähren. Das Vertrauen in den Staat, für Sicherheit und Stabilität zu sorgen, war tief erschüttert. In der Folge begann man auch auf der linken Seite des politischen Spektrums damit, sich zu organisieren und zu bewaffnen; wenngleich auch nicht im

---

77 Siehe fortführend zu den Verbänden in Schleswig-Holstein: BILL, Hauptziel; STOKES, Stahlhelm; WULF, Front; ZIMMERMANN, Stahlhelm. Zusätzlich formierten sich zahlreiche kleinere, unabhängige rechtsgesinnte Ortsvereine. Siehe dazu exemplarisch: LASH 301-4496, Verzeichnis rechtsgerichteter Vereine und Vereinigungen. Verstärkt erstreckte sich die Arbeit der Vereine auch auf Jugendliche mit dem Ziel, diese *mit Drill und körperlicher Ertüchtigung zur Liebe zur Deutschen Heimat, zu vaterländischer Gesinnung* [und] *zu Ordnung und Gehorsam zu erziehen.* LASH 301-4499, Erklärung der „Jungmannen Preetz" vom 29.06.1922.
78 STOLTENBERG, Strömungen, S. 48f.
79 GÖLLNITZ, Paramilitärs, S. 208.

Die Organisierung der politischen Gewalt 29

selben Maße wie auf der rechten Seite.[80] Die Schwäche der staatlichen Justiz und die Angst vor einer Revolution der Opposition förderten somit die organisierte Radikalisierung in der darauffolgenden Zeit.[81]
Das Ergebnis war eine Reihe gewaltsamer, staatsfeindlicher Aktionen von links und rechts in den folgenden Jahren. Den Höhepunkt bildeten die gescheiterte „Märzaktion"[82] der Vereinigten Kommunistischen Partei Deutschlands (VKPD)[83] im März 1921, bei der die Kommunisten den Versuch gestartet hatten, die Regierung in Mitteldeutschland zu stürzen sowie die tödlichen Attentate auf den ehemaligen Finanzminister Matthias Erzberger im August 1921 und den Außenminister Walther Rathenau im Juni 1922 von Mitgliedern der O. C.[84] Die Regierung reagierte auf diese wachsende Welle der Gewalt mit dem Republikschutzgesetz, das im Juli 1922 in Kraft trat und unter anderem Organisationen sowie deren Druckerzeugnisse und Versammlungen verbot, die sich gegen die Verfassung und die republikanische Staatsform richteten.[85] So auch in Schleswig-Holstein, wo in den folgenden Monaten diverse Zeitungen und Organisationen verboten wurden.[86] Im gleichen Zug führte das Republikschutzgesetz

---

80 Wie Carsten Voigt anmerkt, kann hier nicht von einer durchgängigen militärischen Bewaffnung mit Schusswaffen die Rede sein, sondern vielmehr von einer überwiegenden Bewaffnung mit Hieb und Stichwaffen. Vgl. dazu: VOIGT, Arbeiterbewegung, S. 35.
81 SCHUMANN, Gewalt, S. 84f.
82 In Schleswig-Holstein stieß die kommunistische Aktion nur auf geringe Unterstützung, die primär von der kommunistischen Jugendbewegung ausging. Nicht zuletzt wohl auch deshalb, weil sich MSPD und USPD der Bewegung nicht anschlossen. Lediglich im Süden der Provinz kam es zu nennenswerten Ausschreitungen, bei denen zwei Munitionsfabriken besetzt wurden. Vgl. LASH 301-5793, Polizeilicher Monatsbericht vom 07.04.1921; LASH 320.8-960, Bericht von Oberpräsident Kürbis vom 05.06.1924. Siehe außerdem fortführend zur Märzaktion: KOCH-BAUMGARTEN, Märzaktion.
83 Die VKPD entstand im Dezember 1920 aus einem Zusammenschluss der KPD und dem linken Flügel der USPD. Siehe dazu fortführend: BENZ/GRAML, Illusion, 225f.
84 Auch auf den SPD-Politiker Philipp Scheidemann wurde im Juni 1922 ein Mordanschlag verübt, an dem Mitglieder des O. C. beteiligt waren. Dieser scheiterte jedoch. Siehe fortführend zu den rechtsradikalen Anschlägen: SABROW, Geheimbündelei.
85 MÜHLHAUSEN, Ausnahmezustand, S. 161f. Als Reaktion auf den Mord an Rathenau wurde am 26. Juni 1922 die Verordnung zum Schutz der Republik erlassen, auf der das Republikschutzgesetz aufbaute. Vgl. dazu: LASH 301-4499, Verordnung zum Schutz der Republik vom 26.06.1922.
86 Vgl. exemplarisch: LASH 301-4500, Bericht über Verstöße des Kommunisten Styllrup gegen das Gesetz zum Schutze der Republik vom 12.09.1922; LASH 301-4499, Schreiben an den Herrn Staatskommissar für öffentliche Ordnung vom 11.07.1922, in dem eine Auflistung der zu verbietenden Organisationen zu finden ist; Benachrichtigung

zu einer Sensibilisierung gegenüber der antirepublikanischen Gefahr und einer zunehmenden *Hochspannung in der Bevölkerung*.[87] So kam es vielerorts zu Streitereien über kulturelle Symbole, wie die Beflaggung mit der Reichsfahne oder das Spielen des Deutschland-Liedes. Das Gesetz musste daher insbesondere auf die rechtsgewandte Bewegung wie ein historischer Rotstift gewirkt haben, der an ihrer politischen Überzeugung mitsamt ihrer Traditionen und Symbole ansetzte und diese aus der Gesellschaft auslöschen wollte.[88]

Wie schon der Kapp-Lüttwitz-Putsch, erregten auch die Morde an Erzberger und Rathenau die Gemüter der politischen Linken und Mitte, da sie erkannten, welche Gefahr vom rechten Flügel ausging. Vielerorts kam es zu Demonstrationen.[89] Mancherorts, wie unter anderem in Kiel und Itzehoe, kam es sogar zu einer vorübergehenden Solidarisierung der SPD mit der USPD und der KPD.[90] Wie akut die Gefahr von rechts wahrgenommen worden war, verdeutlicht nicht nur der Schulterschluss der Parteien allein, sondern auch ihre Bereitschaft *zur rücksichtslosen Selbsthilfe zu schreiten*, sollte es der Regierung nicht gelingen, dem *Treiben der Reaktion* ein Ende zu setzen.[91] Erneut wird erkennbar, dass der

---

über die Beschlagnahmung der Zeitung Nord-West vom 13.07.1922 sowie ein Schreiben des Meldorfer Landrats vom 12.07.1922 zum Verbot eines Schützenfestes unter Beteiligung eines Kriegsvereins. Weitere derartige Schreiben sind zahlreich zu finden in: LASH 301-4496; 301-4501; 301-4502.

87 LASH 301-5793, Polizeibericht vom 31.08.1921.

88 Siehe hierzu exemplarisch: LASH 301-4500, Schreiben zur Einschränkung des Spielens des Deutschland-Liedes vom 19.09.1922; Zeitungsausschnitt der Schleswig-Holsteinischen Volkszeitung vom 04.09.1922 über den „Nortorfer Flaggenkonflikt". Vgl. zu den Auseinandersetzungen im Kontext der Beflaggung auch: ZIMMERMANN, Reichsfahnen.

89 Exemplarisch: LASH 301-4500, Schreiben der Mechanischen Netzfabrik und Weberei AG in Altona an den Herrn Ersten Staatsanwalt vom 08.07.1922; Polizeibericht über staatsgefährdliche Umtriebe in Itzehoe vom 14.07.1922; LASH 301-5793, Polizeibericht vom 31.08.1921.

90 LASH 301-4499, Schreiben vom Gewerkschafts- sowie Angestelltenbund sowie der SPD, USPD und KPD vom 27.06.1922 an die Regierung. Wenige Wochen später, im September 1922, sollte es zur Wiedervereinigung von USPD und MSPD kommen. Neben ideologischen Differenzen innerhalb der Partei, ihrer finanziellen Notlage und der Befürchtung, zwischen der MSPD und KPD in die politische Bedeutungslosigkeit abzurutschen, waren es die Morde an Erzberger und Rathenau, die den entscheidenden Impuls für den Zusammenschluss auf Seiten der USPD gaben. Vgl. hierzu: TOSSTORFF, Demokratie, insbesondere S. 205f.

91 LASH 301-4499, Schreiben vom Gewerkschafts- sowie Angestelltenbund sowie der SPD, USPD und KPD vom 27.06.1922 an die Regierung.

gewaltsame Kampf als ein legitimes Mittel des politischen Diskurses innerhalb der Gesellschaft angesehen wurde. Wie durchdrungen die Gesellschaft, insbesondere auf dem Land, von Organisationen reaktionär-militärischen Stils war, zeigen diverse Genehmigungs- und Rechtfertigungsschreiben von Bürgermeistern und Organisatoren, die sich für geplante oder stattgefundene Feierlichkeiten rechtfertigten und erklärten, dass ihre Veranstaltungen ohne die Mitwirkung solcher Organisationen geplant und durchgeführt werden bzw. wurden.[92] Insbesondere auf dem Land kam es dabei wiederholt zu Unstimmigkeiten zwischen der Polizei und den Veranstaltern.[93]

Auf administrativer Ebene schien das Verbot von republikfeindlichen Organisationen seine erhoffte Wirkung zu zeigen.[94] Ob das Verbot auch auf einer realen, gesellschaftlichen Ebene griff, scheint in Anbetracht der Ereignisse des folgenden Jahres jedoch mehr als zweifelhaft. Im Krisenjahr 1923 sollte die Stabilität der Republik erneut von der Trias aus gesellschaftlichen, politischen und wirtschaftlichen Spannungen auf die Probe gestellt werden. Der treibende Faktor war die noch immer krankende wirtschaftliche Lage der Republik, die es dem Staat nicht mehr ermöglichte, die Reparationszahlungen fristgerecht zu zahlen. Die Ruhrbesetzung durch französische und belgische Truppen im Januar 1923 und der anschließende Ruhrkampf waren die Folge.[95] Die Besetzung, die als Verletzung der nationalen Integrität aufgefasst wurde, löste in weiten Teilen der Republik, unabhängig der politischen Gesinnung, Empörung aus und kurbelte den Propagandamotor der rechtsgerichteten Parteien und Organisation weiter an. Hinzu kam die einsetzende Hyperinflation, die erst mit der Einführung der Rentenmark im November 1923 gestoppt werden konnte. Die sinkenden Reallöhne und steigende Arbeitslosigkeit bescherten insbesondere der KPD einen

---

92 Diverse solcher Schreiben sind in den Akten LASH 301-4499; 301-4500; 301-4501; 301-4502 vorzufinden. Vgl. exemplarisch das Genehmigungsgesuch des Kreiskriegerverbandes Bordesholm vom 06.08.1923.

93 LASH 301-4499, exemplarisch der Bericht von Bürgermeister Hans Block aus Bad Oldesloe vom 10.07.1922, der die Abhaltung einer Sonnenwendfeier rechtfertigte und explizit darauf hinwies, dass eine solche militärische Organisation (Stahlhelm) in Bad Oldesloe nie existiert habe. Aus selbigem Bericht geht jedoch auch hervor, dass es im Zuge der Veranstaltung zum Hissen der Reichsflagge (Schwarz-Weiss-Rot) kam, was die Republiktreue des Herrn Bürgermeisters massiv in Frage stellt und eine gewisse Sympathie mit den reaktionären Kräften erkennen lässt.

94 Siehe hierzu die große Anzahl an Berichten und Verbotsschreiben in: LASH 301-4499; 301-4500; 301-4501; 301-4502.

95 Siehe fortführend zur Ruhrbesetzung: CORNELISSEN, Ruhrkampf.

massiven Zulauf, der sie zu einer ernstzunehmenden Konkurrenz zur SPD anwachsen ließ.[96]
Wohl bestärkt durch den Zulauf und die fragile Lage, in der sich die Republik befand, sah die KPD-Führung ihre Chance für eine Revolution gekommen. Im Gegensatz zu der gescheiterten Märzaktion 1921 legte man bei den Planungen für den „Deutschen Oktober" jedoch größeren Wert auf eine militärische Ausbildung der eigenen Kampftruppe – den Proletarischen Hundertschaften.[97] Ähnliches galt für die NSDAP, die ihren „Hitler-Ludendorff-Putsch" in München im November ebenfalls mit einer umfassenden militärischen Ausbildung ihrer hauseigenen Kampftruppe, der SA, vorbereitet hatte.[98] Beide Umsturzunternehmen schlugen letzten Endes jedoch fehl. In Schleswig-Holstein erfuhren weder Kommunisten noch Nationalsozialisten große aktive Unterstützung.[99] Lediglich im Hamburger Umland kam es zu Ausschreitungen im Zuge des kommunistischen „Hamburger Aufstandes".[100]

In der Geschichte der Weimarer Republik kennzeichnen die Umsturzversuche von links und rechts einen Wendepunkt. Auf wirtschaftlicher Ebene folgte auf die turbulente Inflationszeit eine Phase der wirtschaftlichen Prosperität, die „Goldenen Zwanziger", und auch auf gesellschaftlicher sowie politischer Ebene beruhigte und stabilisierte sich die angespannte Lage.[101] Doch den Angriffen auf

---

96 PFEIL, KPD, S. 177f.; SCHMEITZNER, Weltkrieg, S. 42f.; In Schleswig-Holstein beschränkte sich dieser Zulauf jedoch auf die Städte. Auf dem Land erhielt die KPD nur wenig Zuspruch, was auch der KPD-Führung bewusst war. In der Folge forderte die Führung eine Intensivierung der Agitationsarbeit auf dem Land. Wie aus Polizeiberichten zu entnehmen ist, blieb diese aber erfolglos. Vgl. hierzu: LASH 320.8-998, Rundschreiben der KPD-Führung vom 14.06.1923 sowie ebd., diverse Meldungen der Landräte über keinerlei kommunistische Agitationsarbeit auf dem Land.
97 SCHMEITZNER, Weltkrieg, S. 43; An dieser Stelle muss angemerkt werden, dass sich die Proletarischen Hundertschaften nicht nur aus Kommunisten zusammensetzten, sie jedoch den Großteil der Kämpfer stellten. Siehe hierzu Kap. 3.1. Siehe umfassend zum „Deutschen Oktober": JENTSCH, KPD sowie sehr quellennah BAYERLEIN, Oktober.
98 Siehe umfassend zum Hitler-Ludendorff-Putsch: GORDON, Hitlerputsch.
99 In Schleswig-Holstein entstanden bis in das Jahr 1923 herein lediglich in Kiel und Altona nationalsozialistische Ortsgruppen – wenngleich sie von geringer Bedeutung blieben. Sie formierten sich aus diversen kleineren völkischen Gruppierungen und standen wohl in keinem direkten Kontakt zur NSDAP in München. Im November 1922 wurde die NSDAP offiziell in Preußen verboten. Vgl. RIETZLER, Nordmark, S. 191f.
100 Siehe zu den Ausschreitungen im schleswig-holsteinischen Hamburger Umland und zum „Hamburger Aufstand": PASCHEN, Hamburg; PFEIL, KPD, S. 177f.
101 Siehe fortführend zu den „Goldenen Zwanzigern", die aus dem wirtschaftlichen Aufschwung nach 1923 in Deutschland resultierten: KOLB/SCHUMANN, Republik, S. 95f.

die Republik wohnte noch ein Novum inne. Erstmals traten einer Partei direkt bzw. indirekt zugehörige organisierte Kampftruppen in die Wahrnehmung der weiten Bevölkerung. Die SA gehörte der NSDAP direkt an, während die Proletarischen Hundertschaften im Kern zwar aus Kommunisten bestanden und von diesen auch angeführt wurden, ihre Kämpfer zum Teil jedoch auch aus anderen Teilen der Arbeiterschaft entstammten. Wenngleich beide Kampfgruppen sich in Folge der Verbote ihrer jeweilig zugeordneten Partei offiziell auflösten, setzte sich der Gedanke, den politischen Kampf auch mit gewaltsamen Mitteln zu führen, in den Parteien fest. Zu prägend waren die Erfahrungen, die man im Oktober bzw. November hatte machen müssen. 1924 entstanden so auch das überparteiliche *Reichsbanner Schwarz-Rot-Gold* der republikanischen Parteien und der *Rote Frontkämpferbund* der wieder erlaubten KPD – so auch in Schleswig-Holstein, wie im Folgenden dargestellt wird.

3. Formierung und Struktur von Reichsbanner und RFB in Schleswig-Holstein

Abstract: In the following chapter there will be an initial brief digression on the *kommunistische Einheitsfronttaktik* (communist united front tactic), which is imperative in order to understand the motivation and goals of especially the communists combat groups. After that there will be a short depiction of the *Proletarischen Hundertschaften* (Proletarian Hundreds), a common ancestor of both the *Reichsbanner* and the *RFB*. Ultimately the history of the formation of both the *Reichsbanner Schwarz-Rot-Gold* (Black, Red, Gold Banner of the Reich) and the *Roter Frontkämpferbund*, or short *RFB* (communist Red Front Fighters' League), will be examined. Fruthermore, the internal structure as well as the first episode of their existence of both combat groups will be set forth, which allows for the exposition of differences and potential mutualities in an interim conclusion.

Ehe die Formierung und Struktur des Reichsbanners und des RFB sowie ein kurzer Rückgriff auf die Proletarischen Hundertschaften erfolgt, ist zunächst ein Exkurs zu dem Begriff der Einheitsfront notwendig. Dieser muss näher erläutert werden, da die Einheitsfront insbesondere für den RFB von existenzieller Bedeutung war.

Exkurs: Die kommunistische Einheitsfronttaktik

> „*Und weil der Prolet ein Prolet ist,*
> *drum wird ihn kein anderer befrein.*
> *Es kann die Befreiung der Arbeiter*
> *nur das Werk der Arbeiter sein.*
>
> *Drum links, zwei, drei! Drum links, zwei, drei!*
> *Wo dein Platz, Genosse ist!*
> *Reih dich ein, in die Arbeitereinheitsfront,*
> *weil du auch ein Arbeiter bist.*"[102]

---

102 Diese zwei Strophen entstammen dem *Einheitsfrontlied*, das von Bertolt Brecht und Hanns Eisler geschrieben wurde. Auch wenn es erst Ende 1934 endstanden war, verdeutlicht es den Geist der von kommunistischer Seite bereits Jahre zuvor geforderten Einheitsfront treffend. HENNENBERG, Brecht-Liederbuch, S. 226f.

Auf dem 3. Weltkongress der Kommunistischen Internationale (KI) in Moskau konstatierte die kommunistische Führung eine zunehmende Stabilisierung des Kapitalismus bei einer gleichzeitig abnehmenden revolutionären Welle, was dazu geführt habe, dass sich die Arbeiterklasse zunehmend in die Defensive gedrängt fühle. Als Reaktion darauf sollte nun ein Taktikumschwung die Mobilisierung der Massen garantieren: Die Einheitsfronttaktik.[103] Sie war „das Angebot des gemeinsamen Kampfes der Kommunisten mit allen Arbeitern, die anderen Parteien oder Gruppen angehören, und mit allen parteilosen Arbeitern zwecks Verteidigung der elementarsten Lebensinteressen der Arbeiterklasse gegen die Bourgeoisie."[104] Sie sollte demnach die Spaltung des Proletariats, die durch die Etablierung der KPD und der SPD erfolgt war, rückgängig machen und die Arbeiterklasse zu einer schlagkräftigen Einheit formen. Ihre größten Gegenspieler waren dabei jedoch die „Reformisten", die sozialdemokratischen Führer und Gewerkschaften, die sich selbst zwar als Interessensvertreter des Proletariats ausgaben, in Wirklichkeit jedoch Lakaien des Kapitalismus waren und gegen die Interessen der Arbeiterschaft arbeiteten.[105] Zur Verwirklichung der Einheitsfront gab es zwei verschiedene Ansätze bzw. Vorgehensweisen. Die „Einheitsfront von oben", die 1921 auf dem 3. Weltkongress der KI ausgerufen und bis 1924 betrieben wurde und die „Einheitsfront von unten", die diese ablöste und bis 1929 die leitende Maxime darstellte.

Die „Einheitsfront von oben" verfolgte den Ansatz, dass eine Zusammenarbeit mit den sozialdemokratischen Führern und den Gewerkschaften grundsätzlich möglich und auch angestrebt war. Sollte es zu einer Zusammenarbeit in Form einer Arbeiterregierung kommen, würde sich die KPD als wahrer Interessenvertreter der Arbeiterschaft präsentieren und im gleichen Zug den Arbeitern im sozialdemokratischen Lager zeigen können, dass ihre Führer in Wahrheit für den Kapitalismus und damit gegen sie handeln würden.[106] Es ist hier unschwer zu erkennen, dass die Einheitsfront ein „Desillusionierungsinstrument" war, das lediglich zur „Entlarvung" der Gegenseite dienen sollte und zu keinem Zeitpunkt ein aufrichtiges Interesse an einer funktionierenden Zusammenarbeit hatte.[107]

---

103 DAPP, Republik, S. 522f.; FLECHTHEIM, KPD, S. 130; SCHUSTER, Frontkämpferbund, S. 139f.
104 KOMMUNISTISCHE INTERNATIONALE, Protokoll, S. 1015.
105 Ebd.
106 DAPP, Republik, S. 522.
107 MALLMANN, Kommunisten, S. 276.

Nach dem gescheiterten Umsturzversuch im Oktober 1923 und dem daraufhin erlassenen Verbot der KPD bis zum Mai des folgenden Jahres, entschied sich die KI für einen neuen Ansatz in der Einheitsfrontpolitik. Die Einheitsfront sollte nun „von unten" her erreicht werden. Mit ihr ging eine Deklarierung der Sozialdemokraten als „Fraktion des deutschen Faschismus unter sozialistischer Maske" und somit zum Feind, mit dem jegliche Zusammenarbeit verboten war, einher.[108] Stattdessen sollten die sozialdemokratischen Lager nun durch Zersetzungsarbeit von innen heraus geschwächt werden, während man sich selbst im gleichen Zug zu stärken versuchte.[109] Vor diesem Hintergrund geriet auch das Reichsbanner in den Fokus der kommunistischen Einheitsfronttaktik, da der sozialdemokratische Geist hier sehr stark vertreten war.

3.1 Gemeinsame Wurzeln? – die Proletarischen Hundertschaften

Die Proletarischen Hundertschaften zeigten im gescheiterten Umsturzversuch vom Oktober 1923, dass sie im Kern der KPD unterstanden. Eine derartige Zuordnung war in ihrer anfänglichen Mobilisierungsphase jedoch nicht ohne Weiteres möglich. Entstanden waren die Hundertschaften auf Initiative der Kommunisten und als Reaktion auf die Welle der rechten Gewalt. Ganz im Geiste der von kommunistischer Seite geforderten Einheitsfront zielte man darauf ab, innerhalb der Arbeiterschaft eine „breite proletarische Abwehrfront gegen Umsturzversuche von rechts"[110] zu schaffen.[111] Dabei sollten die Hundertschaften laut KPD *keine Parteisache, sondern Sache aller Arbeiter sein*.[112]

Ein weiteres, in der Öffentlichkeit meist verschwiegenes Ziel war es, die sozialdemokratischen Parteimitglieder durch eine Bindung an die Hundertschaften von ihrer Führung zu lösen und sie im gleichen Zug dichter an die KPD heranzuführen.[113] In den Reihen der SPD rief diese Idee gemischte Reaktionen hervor. Die Befürworter der Hundertschaften sahen in ihr ein Instrument des Republikschutzes. Zudem konnte man durch die engere Verflechtung mit den Kommunisten unkontrollierte Aktionen von eben diesen verhindern. Die Gegner eines

---

108 Dapp, Republik, S. 522.
109 Ebd.
110 Voigt, Arbeiterbewegung, S. 85.
111 Vgl. Paschen, Hamburg, 52f.; Schumann, Gewalt, S. 174.
112 LASH 320.8-960, Schreiben des Regierungspräsidenten über die Organisationsstruktur der KPD vom 30.11.1923.
113 Fetscher, Oktoberrevolution, S. 392; Voigt, Arbeiterbewegung, S. 88.

Zusammengehens mit den Kommunisten befürchteten hingegen, dass die Hundertschaften keinen republiktreuen Charakter vorweisen konnten und sogar die Gefahr boten, das sozialdemokratische Ziel, den Schutz der Republik, zu unterwandern – wie die Oktoberereignisse von 1923 dann auch eindrucksvoll beweisen sollten. Letztendlich bestanden die Proletarischen Hundertschaften 1923 zu 50 % aus Kommunisten, 15–20 % Sozialdemokraten und 30–35 % aus parteilosen Arbeitern.[114]

Trotz ihrer bisweilen stark ausgeprägten Heterogenität blieben die Hundertschaften im Kern ein Projekt der KPD. Dies belegten nicht nur die überwiegende Anzahl der kommunistischen Kämpfer, sondern auch der Umstand, dass die KPD die Organisation der Hundertschaften nach ihren Vorgaben und Strukturen vornahm oder dies zumindest geplant hatte.[115] Dass es sich nicht mehr um lose, unorganisierte Zusammenschlüsse von Kampfgruppen handelte, sondern man sich um die Aufstellung militärisch organisierter und schlagkräftiger Einheiten bemühte, zeigt die Einteilung der Kämpfer in sechs Formationen eindrucksvoll. Neben der Infanterie, einer Maschinengewehrkolonne sowie Stoßtrupps, gab es auch Formationen für Artillerie, Nachrichtendienst- sowie Arbeits- und Transportkolonnen.[116] Rückblickend fällt es schwer, in der Aufstellung der Proletarischen Hundertschaften lediglich eine proletarische Abwehrfront zu sehen. Im Schafspelz eines proletarischen Defensivbündnisses formierte die KPD aktiv ihre Kräfte für einen Bürgerkrieg und ihren Griff nach der Macht im Oktober 1923. Dass die Kämpfer selbst Putschabsichten verfolgten, scheint jedoch unwahrscheinlich. Ihre Motivation entsprang vornehmlich dem Kampf gegen rechtsgerichtete Wehrverbände.[117]

Innerhalb der Arbeiterschaft stieß die Idee der Hundertschaften – begünstigt durch Inflation und steigende Arbeitslosigkeit – durchaus auf Sympathien. Im Oktober 1923 umfasste ihre Mannschaftsstärke im Reich einer KPD-internen Instruktion zufolge über 132.000 Mann. Man verfügte damit über 32.000 mehr Männer als die Reichswehr.[118] In Anbetracht dieser Zahlen verwundert es nicht, dass sich die KPD-Führung im Oktober 1923 in der Verfassung wähnte, die

---

114 VOIGT, Arbeiterbewegung, S. 84f.
115 Vgl. hierzu: LASH 301-4546, Abschrift der „Instruktion für die neugewählten kommunistischen Gemeindevertreter usw." S. 6.
116 Ebd.
117 Vgl. PASCHEN, Hamburg, S. 52f.; SCHUMANN, Gewalt, S. 175.
118 LASH 301-4546, Abschrift der „Instruktion für die neugewählten kommunistischen Gemeindevertreter usw." S. 7.

Gemeinsame Wurzeln? – die Proletarischen Hundertschaften

Regierung stürzen zu können.[119] Den größten Zulauf hatten die Hundertschaften in der Mitte des Reiches. Die Bezirke Sachsen (16.700), Mitteldeutschland (14.000), Westfalen (11.000) und Thüringen (10.500) stellten mit Abstand die meisten Kämpfer. Im Bezirk Wasserkante, der aus Schleswig-Holstein und Hamburg bestand, waren es lediglich 5.200 Mann, von denen etwa 1.300 in Hamburg sesshaft waren.[120] Dort war es Ernst Thälmann, einem der Organisatoren des „Hamburger Aufstands" und späterem Parteivorsitzenden der KPD, gelungen, eine kleine, aber treue Gefolgschaft um sich zu scharen – das Gros der Arbeiterschaft konnte aber auch er nicht erreichen.[121] In Schleswig-Holstein, wo die Kommunisten ohnehin nur in den größeren Städten einen gewissen Rückhalt vorweisen konnten, schienen die Hundertschaften primär nur auf dem Papier Bestand gehabt zu haben.[122] Nicht zuletzt wird auch das Verbot und die Auflösung der Proletarischen Hundertschaften in Preußen durch Innenminister Carl Severing vom 12. Mai 1923 eine abschreckende Wirkung auf potenzielle Kämpfer in Schleswig-Holstein gezeigt haben.[123]

Darüber hinaus ist aus den Akten des Landesarchivs Schleswig-Holstein und des Staatsarchivs Hamburg über die Verfassung der Proletarischen Hundertschaften in Schleswig-Holstein nur wenig in Erfahrung zu bringen. Gemeinhin scheint die kommunistische Aktivität in Schleswig-Holstein in dieser Hinsicht sehr gering gewesen zu sein. Wie aus einer Anfrage des Oberpräsidenten über Gründungsaktivitäten kommunistischer Kampfgruppen in seiner Provinz vom März 1923 hervorgeht, war über derartige Gründungen oder Aktivitäten nichts bekannt.[124]

---

119 Die Verifizierung der Mitgliederzahlen ist aufgrund fehlender Quellen leider nicht möglich. VOIGT, Arbeiterbewegung, S. 84.
120 LASH 301-4546, Abschrift der „Instruktion für die neugewählten kommunistischen Gemeindevertreter usw." S. 7; SCHUSTER, Frontkämpferbund, S. 54f.
121 Fortführend zur Person Ernst Thälmann vgl.: FUHRER, Thälmann sowie hierzu ebd., S. 106f.
122 LASH 320.8-960, Schreiben des Regierungspräsidenten vom 30.11.1923. SCHUSTER, Frontkämpferbund, S. 53.
123 LASH 320.8-960, Ministerialblatt für die Preußische innere Verwaltung vom 12.05.1923. Severing reagierte mit dem Verbot auf die angespannte innere Lage Preußens, das sich mit dem „unverantwortliche[n] Treiben der zahlreichen rechts- und linksradikalen Elemente" konfrontiert sah. Vgl.: HARBECK, Kabinett, Nr. 155, Der Preußische Minister des Inneren an die Reichswehrminister, S. 469f.
124 LASH 320.8-998, Schreiben des Oberpräsidenten vom 02.03.1923 sowie ebd., Der Landrat des Kreises Herzogtum Lauenburg vom 17.03.1923.

3.2 Kriegsteilnehmer, Republikaner! – das Reichsbanner Schwarz-Rot-Gold

Die Angriffe auf die Republik von 1923 offenbarte ihren Befürwortern zweierlei: Zum einen gab es eine durchaus ernstzunehmende Anzahl an Feinden der republikanischen Ordnung von links und rechts, die bereit waren, ihre Forderungen mit Gewalt durchzusetzen. Zum anderen offenbarte es, dass es „einen enormen Bedarf nach einem Zusammenschluss aller wehrhaften Demokraten in der deutschen Bevölkerung gab", sofern man der antirepublikanischen Gefahr Einhalt gebieten wollte.[125] Am 22. Februar 1924 wurde daher das *Reichsbanner Schwarz-Rot-Gold, Bund deutscher Kriegsteilnehmer und Republikaner e.V.* in Magdeburg gegründet.[126] Initiator und zugleich erster Bundesvorsitzender war der sozialdemokratische Oberpräsident Sachsens Otto Hörsing. Das Reichsbanner war daher jedoch kein rein sozialdemokratisches Projekt, sondern stand parteiübergreifend all jenen Männern offen, die *auf dem Boden der republikanischen Verfassung standen* und sich zur Weimarer Republik bekannten.[127] So fanden sich im Reichsbanner auch Anhänger der bürgerlichen DDP und des katholischen Zentrums zusammen. Die überwiegende Mehrheit der Mitglieder kam jedoch aus dem Lager der SPD, weshalb es zusehends als ihre Vorfeldorganisation angesehen wurde.[128] Was die große Mehrheit der Mitglieder – neben ihrer Republiktreue – einte, war, insbesondere in den ersten Jahren, dass sie Veteranen des Ersten Weltkrieges waren. Mit der Zeit kamen zunehmend jüngere Republikaner hinzu. Frauen nahmen zunächst nur einen Platz als Unterstützerinnen ein.[129] Auch gab es diverse Jugendgruppen innerhalb des Reichsbanners, die verschiedenste Aktivitäten wie Wanderungen, Sportspiele, Musikabende oder auch Demonstrationen organisierten. 1926 wurden diese für eine bessere

---

125 ELSBACH, Reichsbanner, S. 114. Die gesamte Geschichte des Reichsbanners Schwarz-Rot-Gold von seinen Vorläufern, die bereits in den Wirren der Nachkriegszeit entstanden, bis zu seinem Schattendasein in der Nachkriegszeit des Zweiten Weltkriegs, legt Sebastian Elsbach ausführlich in seiner Dissertation dar. Siehe: Ebd.
126 Ein Beitrittsaufruf und eine Bundessatzung des Reichsbanners sind zu finden in: LASH 309-22564.
127 Ebd., Bundessatzung des Reichsbanners vom 27.02.1924.
128 Im Gau Schleswig-Holstein wurde dennoch stets ein Vorstandsitz für ein Mitglied einer bürgerlichen Partei freigehalten. Siehe: LASH 384.1-30, Protokollbuch des Reichsbanners Schwarz-Rot-Gold.
129 ELSBACH, Reichsbanner, S. 114f.; WEBER, Reichsbanner, S. 127f.

Koordinierung zu dem *Jungbanner* zusammenfasst.[130] Zusätzlich veröffentlichte man die Bundeszeitung *Das Reichsbanner*, die zweimal im Monat erschien.

Die Organisationsstruktur des Reichsbanners wies eine Gliederung in zwei Abteilungen, eine politische und eine technische, auf. Die politische Abteilung war in Orts-, Gau- und Bundesebene aufgegliedert, die jeweils die Bestätigung durch die ihr übergestellte Ebene bedurften, ehe sie ihre Funktion ausüben durften. An der Spitze stand der Bundesvorstand, dem der Bundesrat zur Seite stand. Der Bundesrat, der aus je einem Mitglied eines jeden Gauvorstandes und Mitgliedern des Bundesvorstandes bestand, entschied über wichtige politische und wirtschaftliche Fragen. Beratend stand ihm der Reichsausschuss zur Seite. Unterhalb der Bundesebene war das Reichsgebiet in Gaue gegliedert, die den Bezirken der SPD entsprachen.[131] Die Geschäfte des Gaues wurden vom Gausekretär geführt, der vom Bundesvorstand ernannt wurde. Die Gau- bzw. Ortsvorstände wurden hingegen gewählt. Die technische Abteilung war nach militärischem Vorbild gegliedert. Die kleinste Einheit war die Gruppe mit bis zu acht Mann. Ihr Führer wurde in aller Regel von der überstehenden Instanz ernannt. Zwei bis fünf Gruppen bildeten einen Zug und zwei bis drei Züge eine Kameradschaft. Zwei bis fünf Kameradschaften bildeten schließlich eine Abteilung. In den Orts- bzw. Gauvorständen liefen die technische und politische Abteilung zusammen, wobei die technische Ebene der politischen unterstellt war. Gleiches galt für den Bundesvorstand. Die oberste Instanz bildete der Bundesvorsitzende, der als Bundesführer die Leitung der beiden Abteilungen vereinigte. Da das Reichsbanner ein eingetragener Verein war, mussten seine Mitglieder einen Jahresbeitrag in einer von ihnen selbst bestimmten Höhe zahlen.[132]

Das Verhältnis zum Militarismus war innerhalb des Reichsbanners ein wiederkehrendes Streitthema. Verstand man sich selbst zwar als eine Art kämpferische Reserve, die *den republikanischen Regierungen im Kampfe gegen die Reichsverderber von rechts und links treu zur Seite stehen* wollte, war man sich über das Maß des militärischen Einflusses von Seiten der Parteien anfangs uneins.[133] Insbesondere der SPD missfiel der Gedanke einer außerstaatlichen, bewaffneten Organisation. Wie noch zu sehen sein wird, fanden sich letztendlich

---

130 ELSBACH, Reichsbanner, S. 324f.
131 Eine Auflistung der Gaue inklusive ihren Gauleitungssitzen findet sich ebd., S. 116, Anm. 12.
132 LASH 309-22564, Bundessatzung des Reichsbanners vom 27.02.1924; VOIGT, Arbeiterbewegung, S. 127f.
133 LASH 309-22564, Schreiben des Reichsbanners vom 14.03.1924.

doch einige militärische Komponenten im Reichsbanner wieder. Bis Ende der Zwanzigerjahre beschränkten sich diese aber eher auf diszipliniertes Marschieren und Auftreten als auf militärisch-kämpferische Übungen im Feld oder gar an der Waffe. Eine illegale Bewaffnung lehnte man strikt ab. Erst mit der zunehmenden Gewalt ab spätestens 1929 und dem Aufbau der Schutzformationen (Schufos) öffnete sich die Organisation hinsichtlich eines militärischen Profils im Reichsbanner.[134]

Im Reich konnte das Reichsbanner bereits bei seiner Gründung eine große Anzahl an Mitgliedern vorweisen. Grund dafür waren diverse republikanische Aktivisten, die meist auf lokaler Ebene kleinere Ortsgruppen zum Schutz der Republik gegründet und so wichtige Vorarbeit geleistet hatten.[135] Diese gingen nun im Reichsbanner auf, was die Mitgliederzahlen auf über 500.000 ansteigen ließ.[136] In den darauffolgenden Monaten wuchs diese Zahl nach – wohl übertriebenen – Angaben Hörsings wöchentlich um 32.000 Mitglieder und 216 Ortgruppen weiter an.[137]

Im Gau Schleswig-Holstein wurde das Reichsbanner am 24. Mai 1924 feierlich in Kiel gegründet.[138] Die Leitung übernahmen Karl Meitmann als Gausekretär und Richard Hansen als Vorsitzender (beide SPD). Auch in den übrigen Teilen der Provinz gründeten sich rasch Ortsgruppen, sodass das Reichsbanner schon sehr bald in allen fünf schleswig-holsteinischen Unterbezirken der SPD repräsentiert war.[139]

---

134 WEBER, Reichsbanner, S. 139f.
135 In Schleswig-Holstein ist ab Ende 1923 die *Vereinigung Republik* entstanden, ein SPD-naher Verein, der sich zum Ziel gemacht hatte, gegen „jeden gewalttätigen Angriff auf die Republik und die Partei" vorzugehen. Vgl. LASH 301-4503, Abschrift der Satzung der Vereinigung Republik vom 12.12.1923; MÖLLER, Küstenregion, S. 285. Siehe zudem fortführend zu den diversen Republikschutzorganisationen im Reich, und somit zur Vorgeschichte des Reichsbanners: ELSBACH, Gewalterfahrung.
136 *Bund der republikanischen Kriegsteilnehmer*, in: HVZ Nr. 52 vom 01.03.1924.
137 ELSBACH, Reichsbanner, S. 114. Wie Elsbach anmerkt, sind die Zahlen bezüglich des Mitgliederwachstums stark übertrieben. Sie waren lediglich das Produkt der eigenen Werbekampagne, in der es darum ging, die „symbolische Oberhand" gegenüber den deutschen Nationalisten zu erlangen und so die Öffentlichkeit zu mobilisieren. Vgl. Ebd.
138 LASH 309-22564, Gründungsaufruf von Karl Meitmann in der Schleswig-Holsteinischen Volkszeitung vom 20.05.1924; WEBER, Reichsbanner, S. 130.
139 Diverse Nachrichten über Gründungen von Ortsgruppen sind in LASH 309-22564 sowie LASH 301-4520 zu finden. Exemplarisch für die fünf Unterbezirke (UB) im Gau Schleswig-Holstein seien genannt: I. UB am 28.06.1924 in Schleswig; II. UB am

3.3 *Hinein in die Rote Front!* – der Rote Frontkämpferbund

Mit der Aufhebung ihres Parteiverbotes am 1. März 1924 setzte die KPD ihre Bestrebungen hin zu einer proletarischen Revolution, die auch während des Verbotes weitergelaufen waren, fort.[140] Hatten sich die Proletarischen Hundertschaften in Zusammenarbeit mit den Sozialdemokraten als unzuverlässig erwiesen, sollte nun eine hauseigene Kampforganisation aufgebaut werden, in der die übrigen Kämpfer der Hundertschaften aufgehen sollten. Dennoch wollte man den Anschein erwecken, dass es sich bei der neuen Organisation um eine von der KPD unabhängige Organisation handelte, um so nicht den Eindruck zu vermitteln, dass es sich bei dem RFB um eine gezielte Fortführung der, noch immer verbotenen, Proletarischen Hundertschaften im neuen Gewand handelte. Obgleich man die neue Organisation nutzen wollte, um proletarische Kämpfer militärisch zu schulen und für die Revolution vorzubereiten, bemühte man sich in der Folge um ein rechtskonformes Auftreten.

Während man innerhalb der KPD über die Form und Aufgaben einer Kampforganisation diskutierte, kam es am 11. Mai zum sogenannten „Blutsonntag in Halle", bei dem es zu blutigen Auseinandersetzungen zwischen Kommunisten und der sozialdemokratisch geführten Polizei kam. Die Kommunisten hatten versucht, den Deutschen Tag, der von Stahlhelm, Wehrwolf und anderen rechtsgerichteten Verbänden ausgerichtet wurde, durch eine Gegendemonstration zu stören, wurden jedoch von der Polizei unter Einsatz von mitunter tödlicher Gewalt daran gehindert. Das aggressive Vorgehen der Polizei rief auf Seiten der Kommunisten eine Welle der Empörung und die Forderung, den rechten Wehrverbänden etwas entgegenzusetzen, hervor. Für die KPD-Führung war dies das endgültige Zeichen für die Schaffung einer eigenen Kampforganisation.[141] Am

---

04.07.1924 in Rendsburg; III. UB am 23.06.1924 in Plön; IV. UB am 22.06.1924 in Itzehoe; V. UB am 03.08.2914 in Wandsbek.

140 Auf dem IX. Parteitag der KPD in Frankfurt erklärte die dort zur neuen Vorsitzenden gewählte Ruth Fischer diesbezüglich: Die Aufgabe der KPD sei nun *die Sammlung der Massen in den ausbrechenden Wirtschaftskämpfen um die KPD* [über die Einheitsfront von unten], *die Politisierung der Kämpfe und die Fähigkeit der Partei, in jedem Augenblick umzuschwenken, wenn die Situation sich zuspitzt in größere Kämpfe um die Macht* […]. *Deswegen muß unsere ganze Parteitätigkeit, die organisatorische, politische, gewerkschaftliche, unter dem Gesichtspunkt der Organisierung von Vorbereitungen der Revolution stehen.* zit. Nach JENTSCH, KPD, S. 407. Die Aktivität der KPD während ihrer Verbotszeit ist in den Akten des Landesarchives Schleswig-Holstein gut dokumentiert. Siehe hierzu: LASH 301-4503 sowie ebd., 309-22695.

141 VOIGT, Arbeiterbewegung, S. 115f.

31. Juli wurde in Halle daher der *Rote Frontkämpferbund e.V.* auf Reichsebene gegründet.[142]

Wie auch das Reichsbanner sah der RFB seine Zielgruppe in den Kriegsteilnehmern des Ersten Weltkrieges. Erweitert wurde die Zielgruppe jedoch um jene im *Waffendienst ausgebildeten Männer, die auf dem Boden des proletarischen Klassenkampfes stehen.*[143] Die Aufgabe, die sich der Bund stellte, waren *die Pflege des Klassenbewusstseins und der Kriegserinnerung zum Zwecke der Abwehr nationalistisch-militärischer Propaganda für neue imperialistische Kriege* sowie die Interessensvertretung der Veteranen.[144] Hinzu kam *die Aufklärung über die Methoden und den Klassencharakter imperialistischer Kriege.*[145] Über diesen Aufgaben stand letztendlich das übergeordnete Ziel, der KPD als Propaganda- und Agitationstruppe zu dienen.[146] Offiziell lehnte der Bund eine illegale Bewaffnung der Mitglieder daher ab. Den Anschein eines normalen Vereins machte die Bitte um Eintragung ins Vereinsregister perfekt.[147] Dass man dem Verein von staatlicher Seite dennoch nicht traute, zeigt eine Notiz von Innenminister Severing, in der er die Vermutung äußert, dass es sich beim RFB um *nichts anderes [...] als eine Neubelebung und Fortsetzung der [...] verbotenen Hundertschaften* handele und daher um dessen Beobachtung bittet.[148]

Die Organisationstruktur des RFB war in mehrere Ebenen gegliedert und ähnelte der des Reichsbanners stark.[149] An der Spitze stand die Bundesführung, um den ersten Bundesvorsitzenden Ernst Thälmann und den zweiten Bundesvorsitzenden Willy Leow, wobei letzterer faktisch der Leiter der Organisation war. Die höchste Instanz bildete die Bundeskonferenz, die sich aus gewählten Delegierten der Gaukonferenzen zusammensetzte. Darunter war das Reich in Gaue gegliedert, die denen der KPD entsprachen. Der Gauvorstand bestand aus

---

142 LASH 309-4546, Der Preußische Minister des Innern vom 12.09.1924, Anlage 1: Abschrift der Satzung des RFB.
143 Ebd.
144 Ebd.
145 Ebd.
146 VOIGT, Arbeiterbewegung, S. 116.
147 LASH 309-4546, Der Preußische Minister des Innern vom 12.09.1924, Anlage 1: Abschrift der Satzung des RFB.
148 LASH 309-4546, Der Preußische Minister des Innern vom 12.09.1924.
149 Die Organisationsstruktur unterlief bis 1927 einige kleinere Änderungen, die für die vorliegende Arbeit nicht weiter ins Gewicht fallen. Vgl. hierzu die chronologische Darstellung der organisatorischen Entwicklung des Kampfbundes bei SCHUSTER, Frontkämpferbund, S. 89f.

fünf Mitgliedern und bedurfte der Bestätigung durch den Bundesvorstand. Die Gaue waren wiederum in Bezirke und schließlich Ortsgruppen gegliedert.[150] Auf diesen Ebenen gab es neben einem politischen Leiter auch stets einen, ihm unterstellten, technischen Leiter, der mit organisatorischen Maßnahmen und der Ausbildung der Mitglieder betraut war. In industriellen und landwirtschaftlichen Betrieben sollten zudem Betriebsgruppen, sogenannte Betriebszellen, gegründet werden.

Zu Ehren des Matrosenaufstandes von 1918 wurde 1925 noch eine eigene Marinesektion, die Rote Marine (RM), geschaffen. Diese bestand allerdings nur in Hafenstädten. Auch eine Jugendabteilung für Jugendliche bis 21 Jahren, der Rote Jungsturm, später Rote Jungfront (RJ), sowie eine Abteilung für Frauen, die Rote Front Frauenliga, später Roter Frauen- und Mädchenbund (RFMB), wurden gegründet.[151] Unabhängig von ihrer Abteilung hatten die Mitglieder einen vom Bundesvorstand festgelegten Mitgliedsbeitrag zu zahlen.[152]

Intern war der Bund streng militärisch-hierarchisch organisiert. Man übernahm die Sprache des Militärs, trug Uniform und setzte ein Exerzierreglement im militärischen Stil durch. Auch der einheitliche Gruß mit der geballten Faust im kommunistischen Stile wurde eingeführt.[153] Innerhalb der KPD-Zentrale zeigte man sich über den militärischen Charakter des RFB uneins. Einige Stimmen taten Uniform und Drill als „Soldatenspielerei" ab, die von der wichtigen Organisationsarbeit in den Betrieben und Gewerkschaften, die es zum proletarischen Umsturz braucht, ablenkte.[154] Der Großteil befürwortete das militärische Auftreten jedoch, das nicht zuletzt aufgrund seiner großen Anziehungskraft auf

---

150 Innerhalb einer Ortsgruppe gab es noch drei weitere Formationen. Die kleinste Formation war die Achtergruppe, die aus acht Mann und einem Gruppenführer bestand. Vier Achtergruppen bildeten schließlich einen Zug. In Großstädten existierten zusätzlich über den Zügen noch die Kameradschaften und Abteilungen. Die Führer der Formationen wurden von dem Führer der nächsthöheren Ebene vorgeschlagen, dann von der jeweiligen Formation gewählt und schließlich wieder von der nächsthöheren Ebene bestätigt. Vgl. VOIGT, Arbeiterbewegung, S. 143.
151 SCHUSTER, Frontkämpferbund, S. 116f. Auf die RJ und den RFMB wird weiter unten noch näher eingegangen.
152 LASH 301-4546, Abschrift der Satzung des RFB vom 12.09.1924; LASH 301-4548, Abschrift der „Richtlinien über Aufbau und Aufgaben des RFB und der Roten Jungfront" vom 27.06.1927; SCHUSTER, Frontkämpferbund, S. 133f.; VOIGT, Arbeiterbewegung, S. 141f.
153 FUHRER, Thälmann, S. 147f.
154 SCHUSTER, Frontkämpferbund, S. 55.

junge Männer und Veteranen für die Mobilisierung der Massen notwendig war. Ab 1928, im Zuge der sich brutalisierenden Auseinandersetzungen mit anderen Kampforganisationen, wurde der Fokus dann endgültig verstärkt auf die militärische Ausbildung gelegt.[155]

Die Ausweitung des RFB ging nur langsam voran. In den ersten Wochen gründeten sich nur in Thüringen und Halle Ortsgruppen. Die Gründe dafür waren vielseitig: Einerseits wollte die Zentrale der KPD zunächst die Entwicklung des RFB in den Bezirken Halle-Merseburg und Groß-Thüringen abwarten. Die große Popularität der KPD sowie die hohe Aktivität des rechtsgerichteten Stahlhelms machte sie zu einer Art Testgebiet, in dem die Akzeptanz des RFB beobachtet werden sollte. Hinzu kam, dass eine schnelle, reichsweite Expansion aller Wahrscheinlichkeit nach bedeutet hätte, dass man die Aufmerksamkeit der staatlichen Behörden stärker auf sich gezogen hätte. Diese hätten wiederum mit einem präventiven Verbot des RFB reagieren können. Der Versuch, nicht ins Scheinwerferlicht der Behörden zu geraten, ist auch der Grund dafür, dass die KPD keine Funktionäre aus den eigenen oberen Reihen an die Spitze des RFB stellte.[156] Andererseits wäre es der KPD aufgrund ihrer schlechten finanziellen Lage ohnehin nur schwer möglich gewesen, umfassend und schnell zu expandieren.[157] Besonders auf Bezirksebene, wo die Fäden der Ortsgruppen zusammenliefen, fehlte es an organisatorischer Führung durch die KPD, da die Partei mit dem Wiederaufbau der eigenen Strukturen beschäftigt war.[158]

Obgleich man von Seiten der KDP den Fokus nicht auf eine reichsweite Expansion des RFB gelegt hatte, kam es bereits am 3. August 1924, auf einer Versammlung der KPD in Eckernförde, zu einer ersten Gründungsaufforderung.[159] Von ersten Aktivitäten des RFB in Schleswig-Holstein wird dann bereits wenige Wochen später im August 1924 in Wankendorf berichtet. Dort waren am 31. August Mitglieder des RFB aus Neumünster auf mit roten Fahnen beschmückten Lastwagen in Erscheinung getreten, die nach einem Umzug durch die Stadt der Gründungsveranstaltung einer Wankendorfer Ortsgruppe beigewohnt hatten.[160] Dies legt den Rückschluss nahe, dass bereits vor dem 31. August eine Ortsgruppe

---

155 FUHRER, Thälmann, S. 148; VOIGT, Arbeiterbewegung, S. 115f.
156 VOIGT, Arbeiterbewegung, S. 117.
157 Ebd.
158 LASH 301-4546, Bericht über die Betätigung der KPD vom 04.09.1924; VOIGT, Arbeiterbewegung, S. 126.
159 LASH 301-4546, Kriminal-Assistent Teegen vom 04.08.1924.
160 Ebd., Der Plöner Landrat vom 11.09.1924.

Hinein in die Rote Front! – der Rote Frontkämpferbund   47

in Neumünster gegründet worden war. Der Neumünsteraner Landrat bekräftigt dies in einem Bericht zusätzlich, nennt jedoch kein genaues Gründungsdatum. So schreibt er Ende September, dass der RFB bereits seit *geraumer Zeit* in Neumünster bestehe und etwa 150 Mitglieder zählte.[161] Weitere Gründungen im Jahr 1924 sind in Heide (4.10., 25–30 Mitglieder), Bad Segeberg (26.10., 80 Mitglieder), Pinneberg (15.11., 20–25 Mitglieder) und Schiffbek (20.11., 30 Mitglieder) nachzuweisen.[162] Die Mitgliederzahlen dürften nach geschätzten Angaben der Polizei dabei bei etwa 300–350 Mann im Jahr 1924 gelegen haben. In Bad Oldesloe sollte Anfang Oktober eine Ortsgruppe gegründet werden, allerdings schreckten die Interessenten vor den hohen Beitragskosten zurück.[163] Aus den anderen Regionen der Provinz erhielt das Oberpräsidium auf ihre Anfrage nach kommunistischen Gründungsaktivitäten meist die gleiche negative Antwort – *Fehlanzeige!*[164] Auch die Erwartungen des Altonaer Polizeipräsidenten, dass mit einer Gründung *in allernächster Zeit [...] zu rechnen sei*, wurden erst im Januar 1925 erfüllt.[165]

Die nur langsam voranschreitende Verbreitung des RFB in Schleswig-Holstein ist dabei wohl nicht zuletzt auf die kommunistische Gauleitung Wasserkante zurückzuführen, die, wie aus einem Schreiben der KPD-Führung hervorgeht, einem Frontkämpferbund anfangs abgeneigt gegenüberstand und sich in *passiver Resistenz* zu diesem verhielt.[166] Ein sich über die Provinz spannendes Netz von Ortsgruppen entstand daher erst im Laufe des Jahres 1925, wenngleich dieses Netz sehr grobmaschig gestrickt war, wie noch zu sehen sein wird.[167]

---

161 Ebd., Der Neumünsteraner Landrat vom 23.09.1924.
162 Vgl. Ebd., Der Landrat in Heide vom 10.10.1924; Der Landrat in Bad Segeberg vom 31.10.1924; Der Landrat des Kreises Pinneberg vom 11.12.1924; Der Landrat des Kreises Stormarn vom 15.04.1925.
163 Ebd., Der Landrat des Kreises Stormarn vom 23.10.1924.
164 Vgl. exemplarisch: Ebd., Der Landrat von Oldenburg i. H. vom 22.09.1924.
165 Ebd., Der Polizeipräsident Altona-Wandsbek vom 10.10.1924.; Der Polizeipräsident Altona-Wandsbek vom 20.01.1925.
166 Ebd., Schreiben der RFB-Bundesführung an die Bezirksleitung Wasserkante vom 08.11.1924.
167 Vgl. die Tabelle bei Hinze, Agitationskultur, S. 166.

3.4 Zwischenfazit: Gemeinsamkeiten, Unterschiede und Potenziale

Sowohl dem republikanischen Reichsbanner als auch dem kommunistischen RFB gelang es, 1924 in Schleswig-Holstein Fuß zu fassen. Während das offiziell überparteiische, faktisch aber sozialdemokratisch geführte Reichsbanner bereits kurz nach seiner Gründung Schleswig-Holstein im Mai erreichte und sich auch hier schnell verbreitete, hatte der von der KPD ins Leben gerufene RFB mit großen Startschwierigkeiten zu kämpfen. Zurückzuführen ist das primär auf die vorherrschenden Gegebenheiten in Schleswig-Holstein, wo die republikanischen Parteien, primär jedoch die SPD, eine etablierte politische Größe waren, während die KPD hier, abgesehen von den größeren Städten, keine breite Basis vorzuweisen hatte und sich nach ihrem Verbot von 1923 zudem noch immer in einer Phase des Wiederaufbaus befand.

Programmatisch unterschieden sich die beiden Vereine im Kern grundlegend. Während sich das Reichsbanner zur Deutschen Republik bekannte und gegen jegliche Gefahr von antirepublikanischen Kräften eintrat, war das – wohlbemerkt inoffizielle – Ziel des RFB, die Revolution durch das Proletariat hin zu einem Staat nach sowjetischem Vorbild im Sinne der KPD vorzubereiten. Zwar bekannte man sich offiziell zur staatlichen Ordnung und bekundete die Absicht, gegen rechtsgewandte Verbände vorgehen zu wollen, primär ging es jedoch darum, langfristig auf eine Revolution hinzuarbeiten.

Dennoch ähnelten sich die Vereine teilweise stark, wobei sich der RFB am Reichsbanner und dessen großen Gründungserfolgen im Reich orientierte.[168] Gemäß dem Geist der Zeit präsentierten sie sich beide betont militärisch und stellten dies auch gezielt in den Fokus. Damit ging das aktive Werben von Soldaten und ehemaligen Kriegsteilnehmern einher, da man hier auf beiden Seiten ein enormes Sensibilisierungs- und Bindungspotenzial für die eigene Sache erkannte. Dem Umstand ihrer mehr oder weniger eindeutigen Parteizugehörigkeit ist zudem das primäre Werben innerhalb der Arbeiterschaft geschuldet. Auch die zahlreichen Arten der Agitation in Form von Umzügen, Informationsveranstaltungen oder auch der Aufstellungen von Musikcorps oder Sportgruppen glichen sich. Insbesondere aufgrund der sich traditionell überschneidenden Zielgruppen ist für die Zeit ab 1924 anzunehmen, dass sich zwischen dem Reichsbanner und dem RFB nicht nur ein Wettstreit um die Gunst potenzieller Mitglieder und Wähler innerhalb der Arbeiterschaft sowie den linksgerichteten

---

168 VOIGT, Arbeiterbewegung, S. 116.

Veteranen, sondern langfristig auch eine Bekämpfung des jeweils anderen Vereins aufgrund seiner übergeordneten Ziele anbahnte. Eine langfristig zielgerichtete Zusammenarbeit erscheint daher als unwahrscheinlich, wenngleich es auf der Basis von den Interessen der Arbeiterschaft zu programmatischen Überschneidungen kommen könnte, die den Rahmen für eine Kooperation bieten könnten.

4. 1924–1929: Reichsbanner und RFB in der Phase der „relativen Stabilität" der Weimarer Republik

Abstract: This chapter will examine the relationship between the *Reichsbanner* and the *RFB* in a phase, relative stability' of the Weimar Republic, which lasted from 1924 until 1929. The examination will focus on aspects of competition, cooperation and conflict. The aspect of competition shows the different ways and possibilities both combat groups utilized in the fight for new members. While the *Reichsbanner* was able to build on already existing network, provided by the Social Democratic Party and the Unions to make substantial gains early on, the communist *RFB* struggled not only with recruiting new members, but also with organizing its already existing personnel and structure. Nevertheless, both groups actively promoted their cause in various aspects of everyday life among the German population. The aspect of cooperation casts light on the potential political common grounds of both combat groups, which could have allowed for a cooperation. This will be examined by the *Fürstenenteignung* (Expropriation of the Princes in the Weimar Republic). Despite potential common ground, the cooperation aspect reveals that the *Reichsbanner* rejected any collaboration with the communists. The last aspect to consider is the conflict dimension, which not only showcases the varying political ideologies and stances of each combat group but also how they established their connection to violence and the military. This last aspect shows unambiguously the discrepancy of both combat groups, as the RFB often resorted to violence, whereas the *Reichsbanner* tried to agitate peacefully.

Auf das Krisenjahr 1923 folgte die in der Forschung viel zitierte „Phase der relativen Stabilität"[169] der Weimarer Republik, in der es weder zu politischen noch gesellschaftlichen Großereignissen auf Reichsebene kam, die an die unruhigen Jahre des vorangegangenen Lustrums heranreichten. Offensichtlich kam es in dieser Phase dennoch nicht zum politischen Stillstand und einer vollständigen innenpolitischen Befriedung. Mit der Arbeit der Parteien auf den verschiedenen politischen Ebenen des Reiches ging auch die Arbeit von Reichsbanner und RFB in Schleswig-Holstein einher, die ihre Bedeutung, nach ihrer – mehr oder weniger erfolgreichen – Etablierung auf gesellschaftlicher und politischer Ebene, ausweiten wollten. Das Fundament für den Erfolg einer solchen Ausweitung stellten die Strukturen in den jeweiligen Vereinen dar. Die Betrachtung ihrer Entwicklung soll daher in einem ersten Schritt erfolgen. Sie dienen so gleichzeitig auch

---

169 ELSBACH, Reichsbanner, S. 318.

als Anhaltspunkt über die zur Verfügung stehenden Handlungsspielräume der beiden Akteure. Darauf aufbauend folgt die Erörterung der Mobilisierungsarbeit an den Arbeitsplätzen sowie im alltäglichen Gesellschaftsleben. Sie waren die Spielfelder des agitatorischen Konkurrenzkampfes, auf denen Reichsbanner und RFB gegeneinander antraten. Daran anschließend erfolgt die Betrachtung des politischen Kooperationspotenzials, das sich in den Jahren bis 1929 eröffnet hatte. Eine Analyse aller im Reichs- oder Landtag geführten Debatten und Kontroversen ist dabei jedoch nicht Gegenstand der Untersuchungen. Stattdessen liegt der Fokus auf der Kampagne zur Fürstenenteignung von 1926, die von der SPD und der KPD gemeinsam initiiert wurde und als durchaus exemplarisch für die Zusammenarbeit zwischen Reichsbanner und RFB angesehen werden kann. Hinzu kommt, dass die Kampagne die einzige im zu untersuchenden Zeitraum ist, für die es für die Provinz Schleswig-Holstein umfangreiches und ergiebiges Quellenmaterial gibt, die eine zufriedenstellende Darstellung ermöglicht. Auch die 1928 geführte „Panzerkreuzer-Debatte" wird, wenn auch oberflächlicher, dargestellt, da auch sie wertvolle Perspektivgewinne auf das Verhältnis und die Umstände von RFB und Reichsbanner versprechen.

Betrachten die genannten Unterkapitel primär die Arbeit von Reichsbanner und RFB in der Gesellschaft, wird der Blick in einem abschließenden Kapitel auf die interne Entwicklung beider Organisationen gerichtet. Wie bereits erwähnt, war die Phase der relativen Stabilität keineswegs von politischem Stillstand gekennzeichnet. Innen- sowie außenpolitisch galt es nicht nur für die Regierung, sondern auch für die Parteien im Reich, sich auszurichten, mitunter anzupassen und Stellung zu beziehen. Dies hatte in logischer Konsequenz parteiinterne Veränderungen zur Folge, von denen auch die ihnen nahestehenden Kampforganisationen nicht unberührt blieben. Insbesondere Deutschlands Beitritt zum Völkerbund 1926 schlug in diesem Kontext hohe Wellen. Hinzu kamen die immer selbstbewusster auftretenden rechtsgewandten Parteien und Organisation, die auch nicht vor dem zunehmenden Einsatz von Gewalt zurückschraken, was wiederum den Begriff des Faschismus immer stärker in den Vordergrund rückte. Diese Veränderungen veranlassten auch den RFB sowie das Reichsbanner dazu, ihr Verhältnis zu Gewaltbereitschaft und Militarismus zu hinterfragen und sich neu auszurichten.

4.1 Konsolidierung und strukturelle Entwicklung in Schleswig-Holstein bis 1929

4.1.1 Das Reichsbanner – im Fahrwasser sozialdemokratischer Strukturen

Die feierliche Gründung des Reichsbanners in Schleswig-Holstein fand Ende Mai 1924 in Kiel statt. Auf die Gründung in Kiel folgten weitere Ortsgruppengründungen, sodass das Reichsbanner bereits nach wenigen Wochen in nahezu der gesamten Provinz präsent war. Von unschätzbarem Wert erwiesen sich dabei die bestehenden Parteistrukturen der Trägerparteien, insbesondere die der SPD, da das Reichsbanner diese nutzen und auf ihnen aufbauen konnte. Dort wo beispielsweise bereits eine SPD-Ortsgruppe existierte, erfolgte in der Regel auch die Gründung einer Ortsgruppe des Reichsbanners.[170] Nicht selten traten ganze Ortsgruppen geschlossen dem Reichsbanner bei. Eine dezidierte Nachzeichnung der Entwicklung in den folgenden Jahren ist aufgrund der lückenhaften Quellenlage hierzu leider nicht möglich.[171] Aus zahlreichen Studien zur schleswig-holsteinischen Orts-, Stadt- oder auch Lokalgeschichte lässt sich jedoch das Bild eines in der Provinz omnipräsenten Vereins nachvollziehen.

Auch über die Entwicklung der Mitgliederzahlen kann keine präzise und verlässliche Aussage getroffen werden. Es ist jedoch anzunehmen, dass sich diese in Schleswig-Holstein bereits nach kurzer Zeit in den Tausendern bewegten. Nach Einschätzung des Polizeipräsidenten waren es im Juli etwa 2.000 Mann.[172] Der Reichsbanner-Vorstand gab hingegen 15.000 eingeschriebene Mitglieder bei 130 Ortsgruppen Anfang August 1924 an.[173] Anhand der zahlreichen Berichte über die Gründungen von Ortsgruppen sowie Polizeiberichte, in denen teilweise auch die Mitgliederstärke der jeweiligen Ortsgruppen angegeben wurde, liegt die Vermutung nahe, dass sich die Mitgliederzahl im Gau Schleswig-Holstein 1924 tatsächlich eher an den Angaben der Gauführung orientierte, wenngleich 15.000 Mitglieder zu dem Zeitpunkt wohl doch noch etwas zu hochgegriffen war. 1929 wird die 15.000 jedoch längst überschritten gewesen sein. Insbesondere

---

170 ELSBACH, Reichsbanner, S. 31f.; SÖRENSEN, Husum, S. 174f.; ZIMMERMANN, Lauenburg, S. 440f.
171 Eine Auflistung der Ortsvereine, wie sie etwa für den Gau Oberbayern-Schwaben zu finden ist, existiert leider nicht. Vgl. hierzu die Auflistung des Reichsbanners Gau Oberbayern-Schwaben vom 15.01.1929 in: SAPMO-BA, RY 12/113/2.
172 LASH 309-22564, Der Polizeipräsident vom 08.07.1924.
173 *Das Reichsbanner „Schwarz-Rot-Gold"* in: Kieler Zeitung Nr. 382 vom 15.08.1924.

in den großen Städten wie Kiel, Neumünster, Altona und Flensburg hatte das Reichsbanner einen großen Rückhalt. Bereits 1927 vermeldete die Ortleitung in Flensburg allein 1.122 Mitglieder.[174] Und auch auf dem flachen Land, das in der zweiten Hälfte der Zwanzigerjahre zunehmend zur Reaktion tendierte, gelang es, fortwährend neue Ortsgruppen zu gründen.[175]

Dass sich Anfang August bereits 130 Ortsgruppen gegründet hätten, kann anhand der zur Verfügung stehenden Quellen weder bestätigt noch widerlegt werden. Auch dass es sich hierbei um eine Übertreibung aus der eignen Propaganda handelte, ist nicht unwahrscheinlich. Aus einer internen Organisationsanweisung ist jedoch zu entnehmen, dass es im April 1926 172 Ortsgruppen im Gau Schleswig-Holstein gab.[176] Eine konservative Schätzung von etwa 100 Mitgliedern je Ortsgruppe würde eine Mitgliederzahl von 17.200 ergeben, die mit hoher Wahrscheinlichkeit jedoch noch weit unter den tatsächlichen Zahlen liegt.

Bleiben die genauen Zahlen über das Wachstum des Reichsbanners in Schleswig-Holstein weiter ungeklärt, ist hingegen mit Sicherheit festzustellen, dass das republikanische Schutzbündnis auf große Popularität stieß. Paradoxerweise traf dies für die Trägerparteien im Sommer 1924 nicht zu.[177] Für das Reichsbanner ging es demnach darum, das euphorische Momentum seiner Gründung zu nutzen und seine hohe Popularität auf seine Trägerparteien zu übertragen.

Gleichzeitig mit seiner Gründung begann das Reichsbanner Versammlungen, Aufmärsche mit musikalischer Begleitung durch hauseigene Musikkapellen, Vorträge, Ausflüge oder auch Sportmannschaften zu organisieren.[178] Reichsbanner-Veranstaltungen sollten generell als *Riesenaufmärsche* inszeniert werden, *die den Gegnern der Republik alle Luft zum Anbinden mit der Republik von vornherein*

---

174 JACOBSEN, SPD, S. 70. sowie S. 73f.
175 Siehe hierzu exemplarisch die Gründung der Ortsgruppe Hademarschen in der *reaktionärsten Ecke des Gaues*. In: Aus den Gauen, in: RBZ Nr. 26 vom 12.08.1928.
176 LASH 384.1-19, Reichsbanner-Organisationsanweisung Nr. 2 vom 01.04.1926.
177 JACOBSEN, Stolz, S. 215. Dies zeigte sich am Beispiel der SPD nicht zuletzt an ihren Mitgliederzahlen in Schleswig-Holstein. Auf die Phase der Aufbruchsstimmung nach dem Ersten Weltkrieg und der Gründung der Republik, in der die Mitgliederzahlen auf über 82.000 Mitglieder angewachsen waren, folgte eine Phase der Ernüchterung und der Parteiaustritte, die 1925 ihren Tiefpunkt erreichen sollte. Der Höchststand von 1919 hatte sich auf etwa 44.000 Mitglieder halbiert. Insbesondere während der Inflationszeit lagen die Erwartungshaltung der Wähler und die politischen Ergebnisse der SPD zu weit auseinander
178 WEBER, Reichsbanner, S. 130; ZIEMANN, Republik, S. 27f.

Konsolidierung und strukturelle Entwicklung

verleiden.[179] Ein Genehmigungsantrag des Reichsbanners zu einer großangelegten Bannerweihe in Bad Oldesloe zeichnet hier ein typisches Bild:

> *Die Demonstration soll darin bestehen, dass sich ein Festzug mit Fahnen in den Farben der Republik gehalten, durch die Strassen der Stadt vom Pferdemarkt ausgehend bewegt. Am Marktplatz soll Aufstellung genommen werden zur Entgegennahme einer Rede, gehalten von Herrn Generalmajor a. D. Freiherr von Schöneich, nach der die Bannerweihe vollzogen wird. Vom Markplatz wird durch einige Straßen der Stadt nach dem Kurhause marschiert. Von hier aus soll sich abends nach 8 Uhr ein Fackelzug durch einige Strassen bewegen. Der Fackelzug wird im Kurgarten enden, woselbst die ganze Veranstaltung durch die Schlussrede, gehalten von Herrn Eisenbart, Hamburg und einer Rede des Oldesloer Vertreters der Organisation ihr Ende findet. Mehrere Musikkapellen sollen den Zug begleiten. Für eine genügende Anzahl Ordner kann gesorgt werden.*[180]

Dass man derart unbehelligt und imposant in der Öffentlichkeit für sich Werbung machen konnte, verdankte das Reichsbanner nicht zuletzt seinem klaren Bekenntnis zur Republik. Wiederkehrend wird in den behördlichen Einschätzungen zum Reichsbanner die Unbedenklichkeit gegenüber geplanten Veranstaltungen geäußert, da der Verein unparteiisch sei, jedoch auf republikanischen Überzeugungen fuße und daher keinerlei Ausschreitungen zu erwarten seien. Es wäre umgekehrt, bei einem Verbot von Reichsbannerveranstaltungen, sogar damit zu rechnen, dass sich die Bevölkerung gegen die Behörden auflehnen und es so zu Ausschreitungen kommen könnte.[181] Für den rechtskonservativen Regierungsassessor Graf zu Rantzau gab dies Anlass zu der Befürchtung, dass dem Reichsbanner so eine bevorzugte Stellung gegenüber anderen Vereinen, seiner politischen Gesinnung nach wohl dem Stahlhelm, eingeräumt würde, die ihm sogar *gesetzliche Privilegien* bringen könnte.[182] In Anbetracht dessen, dass zahlreiche Persönlichkeiten aus den Führungsebenen der schleswig-holsteinischen Verwaltung und Politik, wie Oberpräsident Heinrich Kürbis und der Kieler Polizeipräsident Karl Dietrich, Mitglieder im Reichsbanner waren, waren diese Befürchtungen nicht unbegründet.[183]

Diese Befürchtung einer Narrenfreiheit für das Reichsbanner bestätigte sich zunächst jedoch nicht, wie diverse Polizeiakten, in denen Reichsbannerleute strafrechtlich verfolgt wurden, belegen. Auch wurde Umzügen wiederholt die

---

179 LASH 384.1-19, Reichsbanner-Organisationsanweisung Nr. 4 vom 24.03.1925.
180 LASH 309-22564, Abschrift der Polizeiverwaltung Oldesloe vom 27.08.1924.
181 Ebd., Der Landrat in Segeberg vom 15.08.1924.
182 Ebd., Regierungsassessor Graf von Rantzau vom 13.08.1924.
183 ELSBACH, Reichsbanner, S. 375.

Genehmigung verweigert, da man die Sicherheitslage für ungenügend erachtete – meistens im Zusammenhang mit parallel stattfindenden Veranstaltungen des Stahlhelms. So wurde beispielsweise ein Umzug des Reichsbanners an der Grenze zu Hamburg, der im November im Zuge der Wahlpropaganda für die Wahlen geplant war, abgelehnt.[184] In diesem Kontext sind auch wiederholt die Bestrebungen des Reichsbanners, bei größeren Veranstaltungen als Unterstützung- und gar Ersatztruppe der örtlichen Polizei aufzutreten und für die öffentliche Ruhe zu sorgen, zu verzeichnen. Mit Verweis auf die rechtliche Lage wurden diese von den örtlichen Behörden jedoch für unzulässig erklärt, da *die Sicherung von Versammlungen und die Ausübung von Strassen- und Postendienst ausschliesslich Sache der Polizei kraft des ihr anvertrauten öffentlichen Amtes sei.*[185] Für die Polizei dürfte dies jedoch nicht nur aufgrund der rechtlichen Lage von Bedeutung gewesen sein. Nach den turbulenten Jahren der Instabilität bis 1923 ging es für sie nun auch darum, sich als unangefochtene, kompetente und souveräne Staatsgewalt zu präsentieren. Sie allein verfügte über das Gewaltmonopol in der Republik und durfte jeglichen Konkurrenzorganisationen daher keinerlei Handlungsspielraum eröffnen.[186] Mit der Zuspitzung der Gewalt ab 1929 kam es diesbezüglich zu einem Umdenken, auf das in Kapitel 5. eingegangen wird.

Bei allem Erfolg, den man in der Provinz erzielte, offenbarte auch das Reichsbanner kleinere interne Unstimmigkeiten. Auch nach mehrmaliger Mahnung blieben wiederholt Abrechnungen einzelner Ortsgruppen aus, und auch der Wille zum Aktionismus flachte in manchen Kreisen ab.[187] Auch der Erwerb der *Illustrierten Reichsbannerzeitung* hinkte; ob dies aufgrund von Desinteresse oder aus Kostengründen geschah, ist nicht eindeutig zu klären.[188]

Im Allgemeinen präsentierte sich das Reichsbanner in Schleswig-Holstein jedoch als republikanisches Flaggschiff. Sein Netz aus Ortsgruppen spannte sich bereits nach kurzer Zeit über die gesamte Provinz und wurde mit den Jahren

---

184 LASH 301-4503, Genehmigungsantrag für einen Umzug des Reichsbanners Altona vom 22.11.1924.
185 LASH 309-22795, Der Regierungspräsident in Schleswig vom 13.03.1925.
186 ELSBACH, Reichsbanner, S. 105f.
187 LASH 384.1-19, Reichsbanner-Organisationsanweisung Nr. 8 vom 01.11.1925. Dass die ausbleibenden Zahlungen keine Ausnahme waren, belegt die ausdrückliche Mahnung des Gauvorstandes aus dem Februar 1926 an die Kameraden in den Ortsvorständen: *Kameraden! Schafft endlich einmal reine Bahn mit den alten Schulden für Waren, Beiträge und Aufnahmegelder, sonst ist eine geordnete Kassenführung einfach nicht möglich.*
188 LASH 384.1-19, Reichsbanner Gauführung, Gau Schleswig-Holstein vom 25.08.1926.

Konsolidierung und strukturelle Entwicklung   57

stetig engmaschiger. Wenngleich über genaue Mitgliederzahlen leider keine genauen Auskünfte zu erbringen sind, so ist aufgrund der Anzahl an Ortsgruppen dennoch davon auszugehen, dass Reichsbanner mehrere Zehntausend Mitglieder hatte. Durch sein rechtstreues Handeln und Auftreten entzog er sich behördlichen Eingriffen meist, was ihm die Möglichkeit einer effektiven Agitationsarbeit ermöglichte.

4.1.2 RFB – Massenbewegung ohne organisatorisches Rückgrat

Durch die Anlaufschwierigkeiten des RFB finden sich weitaus weniger Berichte über seine Aktivitäten in Schleswig-Holstein für das Jahr 1924 als für das Reichsbanner. Jedoch präsentierte sich der RFB der Bevölkerung ähnlich facettenreich. Durch Informationsveranstaltungen, Umzüge, die Aufstellung von Musikkapellen, Gedenkfeiern und weiteren Agitationsunternehmungen versuchte man so insbesondere innerhalb der Arbeiterschaft für sich zu werben und Mitglieder des Reichsbanners abzuwerben.[189] Aufgrund des Mangels an Mitgliedern und folglich auch finanziellen Mitteln, beschränkten sich die Veranstaltungen zunächst jedoch auf Gründungsversammlungen, zu denen Mitglieder anderer Ortsgruppen anreisten und so durch bloße Präsenz für ihren Verein warben.[190]

Gegen Ende des Jahres 1924 stotterte der Agitationsmotor des RFB in Schleswig-Holstein noch immer. Zwar wurde versucht die Wahlkampagne der KPD zu unterstützen, allerdings war man aufgrund der fehlenden Präsenz und Koordination der Ortsgruppen in der Provinz stark limitiert. Auch dem Aufruf der KPD, die Wahlen zu stören, konnte nicht Folge geleistet werden.[191] Auch ist nicht zu ermitteln, ob es sich bei den wenigen, kleineren Auseinandersetzungen, zu denen es auf Wahlveranstaltungen durch Kommunisten gekommen war, um Mitglieder des RFB handelte.[192] Letzten Endes konnte der RFB für die

---

189 LASH 301-4546, Reichskommissar für Überwachung der öffentlichen Ordnung vom 29.12.1924.
190 Vgl. exemplarisch: Ebd., Der Landrat in Bad Segeberg vom 31.10.1924.
191 An dieser Stelle sei anzumerken, dass sich dieser Aufruf, die Bildung von *Kampf-Komitees*, nicht explizit an den RFB, sondern an alle Kommunisten richtete. Aus zahlreichen Polizeiberichten ist jedoch zu entnehmen, dass sich diese *Kampf-Komitees* in Schleswig-Holstein nicht gründeten. Vgl. dazu: LASH 301-4522; exemplarisch: ebd. Der Landrat in Heide vom 10.12.1924.
192 Ebd., Der Landrat in Eckernförde vom 22.12.1924. Hier wird von einer Schlägerei zwischen Kommunisten und Sozialdemokraten auf einer Wahlversammlung der SPD im Eckernförder Gewerkschaftshaus berichtet, bei der etwa 15 Kommunisten eine Schlägerei provoziert hätten.

KPD keine signifikante Wahlwerbung betreiben. Bei den Reichstagswahlen 1924 verloren die Kommunisten fast die Hälfte der Wählerstimmen (6,8 %) und auch bei den Landtagswahlen erzielte man ein nahezu identisches Ergebnis (6,9 %).[193] Die Zusammenarbeit zwischen RFB und KPD war auch in den folgenden Monaten unausgeglichen. Immer wieder war es die KPD, die für den RFB warb, anstatt umgekehrt. So geschehen im Dezember 1924, als der Kommunist Kreuzburg aus Magdeburg im Rahmen einer Wahlversammlung in Kiel sprach. Dort setzte er sich für die Gründung eines *Bundes roter Frontkämpfer* ein, um so ein kommunistisches Gegengewicht zum Reichsbanner und dem Stahlhelm zu bilden. Gleichzeitig betonte er, dass diejenigen, die dem Reichsbanner *zwecks Zersetzung* bereits beigetreten waren, nicht auch noch dem RFB beitreten sollten, um so zu verschleiern, dass diese *Zersetzungselemente* der KPD angehörten.[194] So sollte verhindert werden, dass man nur allzu leicht eine Verbindung zwischen dem RFB und der KPD hätte herstellen können.[195]

Aufgrund der nur langsam voranschreitenden Etablierung des RFB in Schleswig-Holstein bis ins Frühjahr 1925, begann der RFB offensiver in der Mitgliederabwerbung beim Reichsbanner zu werden. In einer Flugschrift richtete sich die RFB-Bezirksleitung des Gaus Wasserkante gezielt und völlig unverblümt an *alle proletarischen Kameraden im Reichsbanner* und stellte dar, wie die Arbeit des Reichsbanners die Interessen der Arbeiterschaft unterminieren würde und stattdessen hauptsächlich den Zentrumsparteien und den Reaktionären sowie den Großindustriellen und den Kriegstreibern in der Republik erträglich sei. Die logische Alternative dazu biete offensichtlich der Rote Frontkämpferbund, die einzig wirkliche *Organisation des Proletariats*, die den *rücksichtlosen Kampf für die Interessen der Arbeiterschaft* aufnehme werde. Das Reichsbanner hingegen *ist wert, daß es zu Dreck zerfällt*.[196] Dem Verhältnis zu diesem war das agitatorische Vorgehen nicht erträglich, wie aus einem Jahresbericht 1925 des RFB hervorgeht. In diesem wird das Verhältnis zum Reichsbanner im Gau Wasserkante als ein *sehr gespanntes* beschrieben, was immer wieder zu kleineren Zusammenstößen

---

193 FALTER/LINDENBERGER/SCHUMANN, Wahlen, S. 101.
194 LASH 301-4546, Der Oberpräsident in Kiel vom 15.12.1924.
195 Der Versuch, die direkte Verbindung zwischen der KPD und dem RFB zu verschleiern, schlug schon nach wenigen Monaten fehl, wie aus diversen Polizeiberichten zu entnehmen ist. Vgl. hierzu exemplarisch: LASH 301-4523, Der Reichskommissar für Überwachung der öffentlichen Ordnung vom 09.02.1925.
196 LASH 301-4546, Flugblatt der RFB-Bezirksleitung vom Februar 1925.

führen würde.[197] Wie viel Wahrheit die anschließende Beschönigung trägt, dass dahingehend jedoch eine *günstige Änderung* eingetreten sei und diese zu *kleinen Erfolgen* geführt hätte, sei mindestens anzuzweifeln.[198]

Trotz der zunehmend offeneren Agitationskampagnen gegen das Reichsbanner und der Schützenhilfe der eigenen Partei konnte laut den Behörden *von einer restlosen Gründung des roten Frontkämpferbundes* [im April 1925; Anm. d. Verf.] *immer noch nicht gesprochen werden*.[199] Zwar hatte der RFB versucht, im Rahmen seiner Möglichkeiten Werbung für sich und die Reichspräsidentenwahl zu betreiben, der gewünschte Effekt blieb allerdings aus. Bei den Reichstagswahlen erhielt Ernst Thälmann, der Kandidat der KPD, lediglich etwa 6 % der Wählerstimmen und der RFB rang noch immer mit den Schwierigkeiten seiner eigenen Expansion, wenngleich die leicht gesteigerte Wahlagitation den Mitgliederzufluss geringfügig verstärkt hatte.[200]

Ungeachtet aller Schwierigkeiten resümierte die RFB-Gauleitung Wasserkante im Juli 1925, dass *das Resultat in unserem Bezirke [...], wenn auch nicht glänzend, so doch zufriedenstellend* war.[201] Weiter gab sie an, dass bis dato etwa 5.000 bis 6.000 Mitglieder zu verzeichnen waren, was, in Anbetracht der vorliegenden Quellen, die nur eine geringe Gründungsaktivität in Schleswig-Holstein belegen, den Schluss nahelegt, dass entweder die große Mehrheit der Mitglieder aus Hamburg stammte oder dass es sich hier um eine simple Übertreibung handelte, die die eigene Arbeit gegenüber der Bundesleitung beschönigen sollte. Denkbar ist auch eine Kombination aus beiden Möglichkeiten. Generell sei an dieser Stelle angemerkt, dass die Hamburger Abteilungen nicht selten die Mehrheit auf RFB-Veranstaltungen in der Provinz, insbesondere in der südlichen Region, bildeten.[202] Der Einfluss Hamburgs für den RFB in Schleswig-Holstein ist daher nicht zu unterschätzen.[203] Betrachtet man jedoch die weitere Entwicklung

---

197 LASH 309-22703, Jahresbericht der Bundesleitung des Roten Frontkämpferbundes aus dem Frühjahr 1926 (ohne Datum).
198 Ebd.
199 LASH 301-4546, Der Polizeipräsident vom 08.04.1925.
200 LASH 301-4523, Der Polizeipräsident Altona-Wandsbek vom 28.04.1925.
201 LASH 301-4546, Der Polizeipräsident Altona-Wandsbek vom 21.08.1925, Anlage 7.1. Dass es sich hierbei um stark beschönigende Worte gehandelt haben könnte, verdeutlicht der Umstand, dass eine abschließende Berichterstattung zu jenem Zeitpunkt nicht möglich war, da *der größte Teil der Abteilungsleiter und Ortsgruppenleiter nicht die von der Gauleitung eingeforderten Fragebogen eingesandt* hatte.
202 Exemplarisch dazu: LASH 301-4547, Der Landrat in Itzehoe vom 24.09.1926.
203 In Hamburg, sowie den angrenzenden Regionen Altona und Wandsbek, war es dem RFB hingegen gelungen, sich organisiert aufzustellen. In der Hansestadt hatte auch

des RFB in Schleswig-Holstein im Laufe der Jahre, so ist zu erkennen, dass auch der Einfluss der Hamburger Abteilungen den Verein nicht vor fortlaufend internen Problemen schützen konnte, die sich stark auf dessen Arbeit auswirkten.

Zwar wurde das Netz aus RFB-Ortsgruppen, das sich über Schleswig-Holstein legte, langsam engmaschiger, für eine bessere Kommunikation zwischen diesen sorgte es jedoch nur bedingt. So waren es interne Machtkämpfe sowie die Disziplinlosigkeit der Mitglieder, die den Aufbau funktionierender Strukturen lähmten.[204] Die Abwesenheit geeigneter Führungspersonen in den Ortsgruppen führte in der Folge zu organisatorischen Alleingängen, die nicht selten unter den Erwartungen blieben.[205] Insbesondere die unkoordinierten zahlreichen, gleichzeitig jedoch wenig erfolgreichen Roten Tage hatten *durch die fortwährende Inanspruchnahme jedes einzelnen Mitgliedes* bei diesen eine *Mißstimmung erzeugt und die Kassen ausserordentlich ausgepowert.*[206] Die finanzielle Lage war gemeinhin *sehr schlecht.*[207] Gelder wurden nicht korrekt angegeben, eine effektive Arbeit war nur in Ansätzen möglich.[208] Noch 1927 hieß es auf der

---

die Gauführung Wasserkante ihren Sitz. Dies wird wohl auf den größeren Rückhalt der kommunistischen Bewegung im Allgemeinen und die räumliche Konzentration zurückzuführen. BÜTTNER, Stadtstaat, S. 194f.

204 *Im Gau bestand bis zum Ende des Jahres* (1925 Anm. d. Verf.) *keine feste Verbindung mit den Ortsgruppen. Die Ortsgruppen wurden schlecht kassiert und rechneten noch schlechter ab. Erst zum Anfang dieses Jahres ist eine organisatorische Festigung im Gau erfolgt.* In: LASH 309-22703, Jahresbericht der Bundesleitung des Roten Frontkämpferbundes aus dem Frühjahr 1926 (ohne Datum). Exemplarisch zu den internen Machtkämpfen die Uneinigkeiten der Ortsgruppe Lunden, deren Arbeit in Folge eines internen Streits seine Arbeit einstellte: Ebd., Der Landrat in Heide vom 22.06.1926.

205 SCHARTL, Flensburg, S. 94.

206 LASH 301-4527, Der Preuss. Polizei-Präsident Altona-Wandsbek in Altona vom 23.11.1926, Versammlungsbericht vom 19.11.1926. Durchaus symbolisch für die ernüchternde Lage des RFB-Wasserkante sind die Beobachtungen, die ein Kriminalbeamter während der Versammlung machte. So notierte er: *Dem Referenten wird von Seiten der Versammlungsteilnehmer zu seinem Referat wenig Aufmerksamkeit geschenkt. Es wurde gesprochen, Gläser angestossen, geraucht und im Saal umhergegangen. Dieses veranlasste den Referenten um 9.15 Uhr eine Pause zu machen. André benützte diese Pause den Mitgliedern das Disziplinlose ihres Verhaltens vorzuwerfen. Er rügte mit scharfen Worten die Unarten und er bat mit scharfen Worten daß jeder Parteidisziplin wahren sollte. Unbegreiflich sei es, daß die Mitglieder dem Referenten kein Verständnis entgegenbrächten, da es doch um ihre eigene Sache ginge.*

207 Ebd.

208 Ebd. Ganz praktisch zeigte sich die prekäre finanzielle Lage in den Vorbereitungen zur Wahlkampagne 1928, bei der sich die Finanzierung der Propagandamaterialien als

Gaukonferenz, dass lediglich 47 % der Mitglieder ihren Zahlungsverpflichtungen nachgekommen wären und resümierte daher, dass solche Zustände nicht haltbar seien und so das Weiterbestehen der Organisation gefährden würden.[209] Das gezogene Resümee des Gauvorstandes ist dabei nicht als motivierende Plattitüde abzutun, denn es barg in Anbetracht des mangelhaften Zustands im Gau Wasserkante einen hohen Wahrheitsgehalt.

Die mahnenden Worte des Gauvorstandes schienen ihre Wirkung jedoch verfehlt zu haben, denn auch im folgenden Jahr zeigte sich der RFB in einem beklagenswerten Zustand, wie das Untergautreffen im April in Flensburg eindrucksvoll verdeutlicht. So erschienen nur etwa 160 Mitglieder des Untergaus Kiel – weitaus weniger als erwartet.[210] Ein ähnlich enttäuschendes Bild ergab sich beim Untergautreffen in Neumünster Ende August.[211] Eine grundlegende Tendenz der Besserung stellte sich in den darauffolgenden Monaten nicht ein, wie die Gauführung im Januar 1929 ernüchtert berichtete.[212] Die einzige Ausnahme bildeten hier die Ortsgruppen in den Hochburgen der Industriestandorte, in

---

Problem darstellte. Die Deckung der Kosten sollte zum Teil aus Wahlkampagnenmarken erfolgen, woher die übrigen Mittel kommen sollten, *wisse man noch nicht, man hoffe, dass Russland hilft*. In: LASH 301-4548, Die Polizeiverwaltung II in Flensburg vom 17.12.1927, Anlage: Polizeibericht über eine Versammlung des RFB in Flensburg vom 11.12.1927. Unbedingt anzumerken ist an dieser Stelle, dass es auch erfolgreiche Rote Tage gab, zu denen mehrere Hundert Mitglieder aus der gesamten Provinz strömten, allerdings bildeten diese die große Ausnahme. Hierzu exemplarisch der Rote Tag in Glückstadt, an dem etwa 800 Rotfrontkämpfer teilnahmen. In: LASH 309-22703, Der Landrat in Itzehoe vom 24.09.1926.
209 LASH 301-4548, Die Polizeiverwaltung II in Flensburg vom 07.02.1928.
210 Die Ortsgruppen Neumünster, Rendsburg und Schleswig entsandten lediglich Fahnendelegationen, so auch die dänischen Ortsgruppen Apenrade und Sonderburg. Die Ortsgruppe Kiel hatte ursprünglich 300 Teilnehmer zugesagt, erschien letzten Endes jedoch gar nicht, da die Mitglieder aufgrund von Hausdurchsuchungen der Polizei *Kopfscheu* geworden waren. Ebd., Der Regierungspräsident in Schleswig vom 25.04.1928.
211 Ebd., Der Landrat in Pinneberg vom 04.09.1928.
212 LASH 301-4549, Der Regierungspräsident in Schleswig vom 25.01.1929. In dem Bericht über eine abgehaltene Untergaukonferenz in Schleswig wurde insbesondere der massive Mitgliederschwund moniert. Zudem sei der RFB im Untergau Kiel komplett heruntergewirtschaftet worden. Vgl. dazu: LASH 301-4527, Der Preuss. Polizei-Präsident Altona-Wandsbek in Altona vom 23.11.1926, Versammlungsbericht vom 19.11.1926 sowie LASH 301-4548, Die Polizeiverwaltung II in Flensburg vom 17.12.1927; MÖLLER, Küstenregion, S. 325; SCHARTL, Flensburg, S. 94.

denen seit jeher ein großes Maß an Disziplin und Bereitschaft zum politischen Aktionismus der Mitglieder zu verzeichnen war.[213]

In Anbetracht der dargelegten organisatorischen Entwicklung des RFB in Schleswig-Holstein stellt sich die Frage, inwiefern unter den gegebenen Umständen eine erfolgreiche Arbeit betrieben werden konnte, fehlte doch die organisatorische Basis, von der aus man effizient und strukturiert agieren konnte. Im Vergleich zum Reichsbanner, das auf den bereits vorhandenen Strukturen ihrer Trägerparteien und der Gewerkschaften aufbauen konnte, ergibt sich hier ein ungleiches Bild. In welchem Verhältnis sich die beiden ungleichen Organisationen in den Jahren 1925 bis 1929 zueinander verhielten, wird im Folgenden genauer betrachtet.

4.2 Mobilisieren, organisieren, politisieren – die Arbeit in der Gesellschaft

Die Hauptkraft des R.F.B. ruht in den Betrieben, heißt es in den Richtlinien für die Propaganda und Zersetzungsarbeit im Reichsbanner der KPD aus dem Januar 1925.[214] Einerseits sollte über die errichteten Betriebszellen Einfluss auf die Gewerkschaften genommen werden, die wiederum stellvertretend für Millionen Arbeiter die Interessen auf politischer Ebene vertraten.[215] Anderseits waren die Betriebe der Ort, an dem sich die Arbeiterklasse politisierte. Nicht nur der Kontakt zu den Reichsbannermitgliedern war hier am stärksten, sondern auch zu den unentschlossenen und parteilosen Arbeitern. Sie waren die Arena der politischen Propaganda und Überzeugungsarbeit. Über sie sollte der Weg führen, über den man die Einheitsfront von unten realisieren würde.[216] Hier boten sich die besten Chancen, um nicht nur Zersetzungsarbeit im Reichsbanner zu leisten, sondern auch direkt für die eigene Sache zu agitieren.[217] Zusätzlich zu dem Werben um neue Mitglieder für die hiesigen RFB- und KPD-Ortsgruppen, wurden die Rotfrontkämpfer dazu aufgefordert, sich aktiv in Wohlfahrtsverbänden

---

213 Exemplarisch seien hier die Ortsgruppen in Rendsburg und Lägerdorf genannt. Siehe hierzu: MÖLLER, Radikalismus sowie SCHWARZ, Aktivitäten.
214 LASH 301-4523, Der Reichskommissar für Überwachung der öffentlichen Ordnung vom 09.02.1925.
215 MALLMANN, Kommunisten, S. 306f. Den historischen Kontext zum Verhältnis zwischen den Gewerkschaften und der KPD bietet: EISNER, Verhältnis.
216 HAWERKAMP, Arbeiter-Samariter-Bundes, S. 112.
217 LASH 301-4523, Der Reichskommissar für Überwachung der öffentlichen Ordnung vom 09.02.1925.

wie dem Arbeiter-Samariter-Bund (ASB) zu engagieren und gleichzeitig für die kommunistische Rote Hilfe stark zu machen.[218]
Traditionell standen die drei großen Richtungsgewerkschaften der Weimarer Zeit (Deutscher Gewerkschaftsbund, Gewerkschaftsring und Allgemeiner Deutscher Gewerkschaftsbund (ADGB)) den republikanischen Parteien nahe.[219] Der der SPD nahestehende ADGB nahm hier die bedeutsamste Position ein, weshalb er als größter Feind innerhalb der Gewerkschaften galt.[220] Aufgrund der Nähe zwischen den Gewerkschaften und den Parteien ist es nicht verwunderlich, dass das Reichsbanner und die Gewerkschaften gemeinsame Sache machten.[221] Ein Blick auf die soziale Herkunft vieler Mitglieder des ADGBs offenbart zusätzlich, warum die KPD bzw. der RFB ausgerechnet hier ihre Zersetzungsarbeit fokussierten. Viele der Mitglieder entstammten dem Arbeitermilieu, demselben Milieu, aus dem die Kommunisten ihren größten Rückhalt erfuhren.[222] Hinzu kam außerdem, dass es politisch einige Überschneidungen gab und man so günstige Bedingungen vorfand, um Mitglieder politisch anzusprechen, abzuwerben und so gleichzeitig zu schwächen.[223] In den Betrieben, und in dichter Anlehnung zu den freien Gewerkschaften und den Erwerbslosen, sah die KPD folglich die

---

218 HAWERKAMP, Arbeiter-Samariter-Bundes, S. 112f. sowie fortführend zur Roten Hilfe: BRAUNS, Hilfe. In Anbetracht des vorhandenen Quellenmaterials im Landesarchiv Schleswig-Holstein (LASH 309-22991), wäre die Grundlage für eine tiefergehende Beschäftigung mit der Roten Hilfe gegeben.
219 Eine Erklärung des Bundesausschusses der ADGB untermauert diese Nähe eindrucksvoll: *Der Bundesausschuß verpflichtet die Gewerkschaften, den Feinden der Republik, gleichgültig, in welchem politischen Lager sie sich befinden, Deutschnationalen oder Kommunisten, in geschlossener Front entgegenzutreten.* In: *Gewerkschaften und demokratische Republik*, in: Hamburger Echo Nr. 31 vom 31.01.1925.
220 KUKUCK/SCHIFFMANN, Gewerkschaften, S. 16.
221 ZIMMERMANN, Lauenburg, S. 263.
222 Wenngleich der Fokus auf den Arbeitern in den Betrieben lag, versuchte der RFB auch unter ehemaligen Offizieren, Studenten und Intellektuellen für sich zu werben, wie aus einer Denkschrift der KPD hervorgeht. Bei erstgenannten hatte man es insbesondere auf die militärischen Führungsqualitäten und Fronterfahrung abgesehen, die man im revolutionären Kampf gegen die Regierung benötigen würde. LASH 301-4523, Denkschrift „über die Bürgerkriegsvorbereitungen der Kommunistischen Partei Deutschlands auf militärpolitischem und militärtechnischem Gebiet nach dem Stande von Ende Januar 1925", S. 42f.
223 SAPMO-BA, R 1501/20328, Rundschreiben der KPD-Zentrale, *Die Taktik der KPD bei den Betriebsrätewahlen* Februar 1925 (ohne Datum).

günstigsten Gegebenheiten, um den *Einfluss der Partei* [...] *zur Vorbereitung künftiger Kämpfe zu verstärken.*[224] Bereits Ende des Jahres 1924 schien man hier auf Reichsebene erste Erfolge verzeichnen zu können, wie aus einem Rundschreiben der RFB-Leitung vom 18.12.1924 hervorgeht:

> „*Es macht sich überall die Zersetzungs-Erscheinung des Reichsbanners Schwarz-Rot-Gold bemerkbar. Hier gilt es einzusetzen und die Proletarier aus dieser faschistischen Organisation herauszuziehen und dem Roten Frontkämpferbund zuzuführen. Zu diesem Zweck müssen in der nächsten Zeit überall öffentliche Werbeversammlungen stattfinden, mindestens aber öffentliche Mitgliederversammlungen, an denen Sympathisierende teilnehmen.*"[225]

Dass auch in den schleswig-holsteinischen Bezirken des Gaues Wasserkante derlei Erfolge zu verzeichnen waren, ist aufgrund der bereits dargestellten schwachen Etablierung von Ortsgruppen und Strukturen in der Provinz jedoch zu bezweifeln.[226] Auch das sozialdemokratische „Hamburger Echo" berichtet im Januar 1925, dass die Kommunisten mit ihren bisherigen Anstrengungen in den Betrieben und Gewerkschaften *kompletten Schiffbruch* erlitten hätten.[227] Werbeaktivitäten für die Rote Hilfe blieben vielerorts aus oder erwiesen sich als erfolglos, die politische Arbeit im ASB lief ebenfalls nicht an.[228] Der Umstand, dass der RFB bis dato keine Beachtung vom Reichsbanner erfahren hatte, bekräftigt diese Vermutung ebenfalls. Zwar wurde in Reden und Flugschriften des Reichsbanners stets von Feinden der Republik gesprochen, allerdings meist mit dem Zusatz der *reaktionären* oder *schwarz-weiss-roten*.[229] Warnungen vor einer

---

224 Ebd.
225 LASH 301-4546, Reichskommissar für Überwachung der öffentlichen Ordnung vom 29.12.1924.
226 Eine leichte Besserung der Verhältnisse trat nach eigenen Angaben der Gauführung erst zum Jahreswechsel 1925/26 ein. Ebd., Jahresbericht der Bundesleitung des Roten Frontkämpferbundes im Jahre 1925 vom 21./22.03.1926; MÖLLER, Küstenregion, S. 320f.; SCHULTE, Eckernförde, S. 189.
227 LASH 309-22858, *Kommunistische Kraftanstrengungen in den Gewerkschaften*, in: Hamburger Echo Nr. 14 vom 14.01.1925.
228 Hier exemplarisch genannt zur Roten Hilfe: Das Ausbleiben jeglicher Werbeunternehmungen in Heide, Wesselburen und Lunden in: LASH 309-22991, Der Landrat in Heide vom 28.02.1925 sowie die nur *sehr schwach* besuchte kommunistische Sammelveranstaltung im Kieler Gewerkschaftshaus in: Ebd., Der Polizeipräsident in Kiel vom 19.03.1925; zum ASB: Ebd., Der Landrat in Rendsburg vom 05.02.1926; Der Landrat des Kreises Stormarn vom 09.02.1926.
229 *An die Republikaner in Schleswig-Holstein*, in: SHVZ Nr. 171 vom 24.07.1924.

kommunistischen Gefahr waren die Ausnahmen. Für das Reichsbanner stand der Hauptfeind in den ersten etwa anderthalb Jahren seines Bestehens rechts und nicht links.

Gemeinhin ließen sich kommunistische Erfolge in den Betrieben, wenn überhaupt, nur in den Industriestandorten verbuchen. Namentlich sei hier die Zementindustriegemeinde Lägerdorf im Kreis Steinburg genannt, in dem sich der Großteil der Beschäftigten dem kommunistischen Lager angeschlossen hatte.[230] Im industriegeprägten Flensburg gestaltete sich die Arbeit in den Betrieben und Gewerkschaften hingegen schwierig, wie die erfolglosen Bemühungen belegen.[231] Auf dem Land im Osten und Westen der Provinz hatten sogar die sozialdemokratischen Gewerkschaften ihre Schwierigkeiten, gegen die nationalen Landarbeiterverbände zu bestehen.[232] Gemessen an den Erwartungen der KPD-Zentrale, war die Arbeit in den Betrieben und Gewerkschaften jedoch auch bis 1926 nicht erfolgreich genug.[233] Im Kontext der Kampagne zur Fürstenenteignung verschlechterte sich die Situation sogar noch weiter. Ob der intensivierten Spaltungsarbeit des RFB in den Betrieben reagierten die Gewerkschaften mit größter Ablehnung und riefen ihre Arbeiter in den Betrieben auf, kommunistische Veranstaltungen zu meiden, was die Kommunisten nur noch weiter isolierte.[234]

---

230 MÖLLER, Radikalismus, S. 74f.
231 SCHARTL, Flensburg, S. 133f. Schwierigkeiten bei der Etablierung von Betriebszellen waren kein Problem, dass nur in Schleswig-Holstein zu beobachten war. In weiten Teilen des Reiches gelang es nicht, funktionierende Betriebszellen aufzustellen. Siehe hierzu fortführend: MALLMANN, Kommunisten, S. 306f.
232 LASH 309-22858, *Schleswig-Holstein. Landarbeiter und sozialistische Gewerkschaften*, in: Hamburger Nachrichten Nr. 237 vom 24.05.1925.
233 LASH 301-4525, Der Polizeipräsident Altona-Wandsbek vom 23.03.1926 sowie ebd., Die Präsidialabteilung in Altona vom 19.04.1926; LASH 301-4582, Der Polizeipräsident in Kiel vom 28.12.1926; exemplarisch der Bericht des Kieler Polizeipräsidenten, der den Kommunisten keine *ausschlaggebende Stimme* in den Eisenbahnergewerkschaften attestiert. Dies sollte sich auch in den folgenden Jahren nicht ändern. In: Ebd., Der Polizeipräsident in Kiel vom 26.11.1926 sowie an gleicher Stelle die weiteren Quellen, die bis in das Jahr 1930 hineinreichen. Dass die Eisenbahnergewerkschaften dicht mit dem Reichsbanners verwoben waren, ist mindestens für Husum nachweisbar. In: LASH 384.1-19, Der Allgemeine Eisenbahnerverein Husum und Umgebung vom 19.04.1926.
234 PFEIL, KPD, S. 194; SCHARTL, Flensburg, S. 134.

1927 sollte sich die Arbeit in den Betrieben unter einer gewissen Zweigleisigkeit vollziehen. Einerseits verfolgte man weiter den Weg der Zersetzungsarbeit im Lager des Reichsbanners, anderseits galt es, den rechtsgewandten Organisationen, die nach dem Sieg in der Fürstenenteignungskampagne immer selbstbewusster auftraten, nicht das *Rekrutierungsfeld* der Betriebe zu überlassen, um der *planmässigen Offensive des Faschismus zur Eroberung der Betriebe und zur Verbreitung des Einflusses der faschistischen Organisationen durch den Betriebsfaschismus* so entgegenzuwirken.[235] Besonders hervorgehoben wurde hier die Arbeit in den Gutsbetrieben auf dem Land, da die reaktionären Organisationen hier im besonderen Maße unbehelligt und unangefochten maßgebenden Einfluss ausübten.[236] Sie profitierten von der Not und Unzufriedenheit der Landbevölkerung, die in der zweiten Hälfte des Jahrzehnts immer dramatischere Züge angenommen hatte.[237]

---

235 LASH 301-4547, Reichskommissar für Überwachung zur öffentlichen Ordnung vom 24.03.1927, Anlage 1.
236 Ebd.
237 Der Grund dafür lag in den angespannten wirtschaftlichen Verhältnissen in der Region. Diese entsprangen aus der Hyperinflation von 1923, bei der viele Bauern ihre Schulden zwar hatten abbezahlen können, allerdings auch große Teile ihres Ersparten verloren hatten. In der Folge hatten sie ungünstige Kredite mit einem hohen Zinsniveau aufnehmen müssen. Hinzu kam eine Steuerlast, die weit über dem Reichsdurchschnitt lag. 1925, als sich der deutsche Markt wieder geöffnet hatte, erschwerten ausländische landwirtschaftliche Importe die Lage noch zusätzlich. 1927 hatte sich die Lage nochmals dramatisch verschlechtert, als fallende Preise und steigende Produktionskosten die Rentabilität der Betriebe senkten und viele Bauern vor großen Schuldensummen standen. Schlechte Ernten und grassierende Tierkrankheiten vergrößerten die Not noch weiter. Rettungsbringende Hilfen vom Staat griffen zu kurz, was die Unzufriedenheit noch weiter schürte und gleichzeitig einen Mitschuldigen für die prekären Verhältnisse lieferte. Am 28. Januar 1928 kam es an der schleswig-holsteinischen Westküste daher erstmals zu zahlreichen Versammlungen der Landbevölkerung, auf denen für eine Änderung der Steuer- und Handelspolitik demonstriert wurden. Zwar kam es in der Folge zu einem Steueraufschub, der die Lage vorerst beruhigte, als die aufgeschobenen Steuern allerdings im Herbst eingetrieben werden sollten, formierte sich ein Widerstand – die Landvolkbewegung. Siehe hierzu sowie ausführlich zur Landvolkbewegung: OTTO-MORRIS, Bauer, hier: S. 57 sowie KUROPKA, Radikale; OMLAND, Vordringen. In den Beständen des Landesarchives Schleswig-Holstein finden sich zudem weitere Quellen in den Akten: LASH 301-4695 bis 301-4705.

In der Not der Landbevölkerung, insbesondere der Arbeiterschaft, sah die KPD-Führung eine aussichtsreiche Gelegenheit, ihren Einfluss auf dem Land zu stärken. Die Aufgabe des RFB war es daher, die bis dahin unbefriedigende Arbeit in den Betrieben, mit starkem Fokus auf die ländliche Region, zu verstärken.[238] Doch die bis dato schwer zu mobilisierende Landbevölkerung zeigte sich auch in ihrer großen Not nur wenig empfänglich für die kommunistische Propaganda.[239] Das von der reaktionären Propaganda gezeichnete Bild der *Kommunistenhorden*, die *das Land überschwemmten* und den Bauern ihren Besitz nehmen wollten, hatte sich tief in den Geist der Landbevölkerung eingebrannt.[240] Und auch die Abwesenheit kommunistischer Ortsgruppen, insbesondere an der Westküste, belegt die geringe Popularität kommunistischer Ideen auf dem Land eindrucksvoll.[241] Hinzu kam, dass die von der Gauführung geforderte Agitation unter den Landarbeitern nahezu in der gesamten Provinz ausgeblieben war.[242] Generell schien der Aktionismus der Rotfrontkämpfer in den Betrieben und Gewerkschaften zu jener Zeit nicht allzu groß gewesen zu sein, wie schon auf der Gaukonferenz Ende 1927 moniert wurde.[243] Von der gesamten Mitgliedschaft des RFB in Wasserkante waren noch nicht einmal 50 % gewerkschaftlich organisiert.

---

238 LASH 384.1-19, Der Oberpräsident in Kiel vom 25.08.1926.
239 Exemplarisch der Bericht über eine Veranstaltung des Deutschen Landarbeiterverbandes im Kieler Gewerkschaftshaus, bei der die Kommunisten mit ihrer Propaganda auf *völlige Ablehnung* stießen. In: LASH 301-4549, Der Polizeipräsident in Kiel vom 05.06.1929.
240 LASH 301-4695, Der Regierungspräsident vom 09.01.1929; HOCH, Scheitern, S. 141.
241 Vgl. hierzu auch die Partei-/Organisationsübersicht der Polizei, die im Zuge der Landvolkbewegung und dem Aufkommen der SA angefertigt wurde, und aus der hervorgeht, dass der RFB in den Kreisen Steinburg, Süderdithmarschen, Norderdithmarschen, Schleswig, Eiderstedt, Husum und Südtondern zusammen lediglich etwa 255 Mitglieder aufwies. LASH 301-4695, Partei-/Organisationsübersicht nach 1929 (ohne Datum); MÖLLER, Küstenregion, S. 322f.
242 Vgl. die zahlreichen Meldungen der Landräte in: LASH 301-4580 und LASH 301-4581, die nahezu ausnahmslos über keinerlei kommunistische Aktivität auf dem Land berichten.
243 Ausnahmen fanden sich vereinzelt in den größeren Städten. Die Werbearbeit des Flensburger RFB bei einer öffentlichen und gut besuchten Filmvorführung der KPD im Gewerkschaftshaus sind hier durchaus exemplarisch für die Aktivitäten der Ortsgruppen, die von der KPD organisierte Veranstaltungen als Trittbrettfahrer agitatorisch nutzten. Die Planung und Durchführung eigener Veranstaltungen gelangen meist nicht. Sieh hierzu: LASH 309-22991, Die Polizeiverwaltung II in Flensburg vom 03.03.1927; Der Polizeipräsident in Kiel vom 13.07.1927.

Künftig seien daher wenigstens die Funktionäre dazu angehalten, ihre Angehörigkeit einer Gewerkschaft nachzuweisen.[244] Dies könnte nicht zuletzt auf die „Phase relativer Hochkonjunktur" der Freien Gewerkschaften zurückzuführen sein, die von der hohen Vollbeschäftigungsquote und damit einhergehenden Zufriedenheit in der Arbeiterschaft profitierten.[245]

Auch im Reichsbanner hatte man ein gesteigertes Interesse für die Bevölkerung auf dem Land bzw. dem dortigen Treiben reaktionärer Kräfte gezeigt. In der Reichsbannerzeitung vom 15. April 1928 heißt es dazu im Vorfeld der Reichs- und Landtagswahlen: *Die Zerschlagung der Arbeitnehmerorganisationen ist die Voraussetzungen für den Sieg des Faschismus. Deshalb geht das Streben der Reaktionäre, die ihren stärksten Rückhalt bei Großgrundbesitzern und Großkapitalisten finden, dahin, die wirtschaftlichen, politischen und kulturellen Schutzverbände der Arbeiterschaft [...] zu zerschlagen.*[246] Weiter berichtet der Artikel über getroffene Maßnahmen von Großgrundbesitzern, die in Zusammenarbeit mit Stahlhelmern und Nationalsozialisten versuchen, eine *reaktionäre „Bildungsarbeit auf dem Lande"* aufzuziehen, die als Teilstück in eine *planmäßige und raffinierte Agitation gegen den heutigen demokratischen parlamentarischen Staat* eingeht.[247] Dass man die Ernsthaftigkeit dieser reaktionären „Bildungsarbeit" bereits früh erkannte, zeigt ein Schreiben der schleswig-holsteinischen Gauführung des Reichsbanners an den Regierungspräsidenten in Schleswig vom Dezember 1927, in dem um finanzielle Unterstützung bei der Anschaffung eines *Wanderkino-Apparates* gebeten wird.[248] Die Anschaffung dieses Apparates sei zur besseren Durchführung der Arbeit *unbedingt notwendig geworden* und ermögliche es, *die Bevölkerung des flachen Landes sittlich und kulturell zu beeinflussen und sie dem Staat und seiner Verfassung näher zu bringen.*[249] Das Reichsbanner hatte demnach eindeutig erkannt, dass auf den Äckern der Bauern durch Missernten und hohe Steuerlasten in den vergangenen Jahren ein nahrhafter Boden für antirepublikanisches Gedankengut geworden war.[250]

---

244 LASH 301-4548, Die Polizeiverwaltung II in Flensburg vom 07.02.1928.
245 VETTER, Strategie, S. 28f.
246 *Kampfmethoden der Reaktion*, in: RBZ Nr. 9 vom 15.04.1928.
247 Ebd.
248 LASH 309-22750, Das Reichsbanner Schwarz-Rot-Gold, Gau Schleswig-Holstein vom 10.01.1928.
249 Ebd.
250 Diese Unzufriedenheit traf jedoch in erster Linie die DNVP, die ihre Anhänger durch ihr mangelhafte Wirtschaftspolitik in ihrer Regierungszeit enttäuscht hatte. Dies zeigte sich eindrucksvoll bei den Preußischen Landtagswahlen in Schleswig-Holstein im

Mobilisieren, organisieren, politisieren 69

Aus dem Kampf um die Arbeiter auf dem Land gingen letzten Endes weder das Reichsbanner noch der RFB siegreich hervor – deutschnationale Kräfte behielten die Oberhand.[251] Trotz kleinerer Erfolge blieben die Städte das größte Einflussgebiet. Die Sympathien der Wähler, die sowohl der KPD als auch, und sogar mehr noch der SPD, die als Sieger der Wahlen hervorgegangen waren, zunächst noch ein Stimmenplus bescherten, schlugen schon sehr bald zu den rechtsgewandten Parteien um. Der „Linksrutsch nach dem Rechtsruck"[252] nach den Wahlen von 1928 war in den ländlichen Regionen Schleswig-Holsteins nur von kurzer Dauer.[253] Der rasche Aufstieg der NSDAP in der Folgezeit belegt dies eindrucksvoll.[254]

Was den Kommunisten auf dem Land nicht gelang, gelang ihnen in den städtisch geprägten Regionen besser, wenn auch nur in Ansätzen. Dort gelang es vereinzelt, in den Betrieben und Gewerkschaften den Einfluss zu stärken. Auch innerhalb der lokalen Erwerbslosenbewegungen übernahmen die Kommunisten häufiger eine bedeutende Rolle.[255] Die Überhand behielten jedoch die Sozialdemokraten.[256] Inwiefern dies die Früchte der Arbeit des RFB waren, ist jedoch nur schwer zu belegen, immerhin schien die Organisation noch nicht einmal in den eigenen Reihen auf geschlossene Sympathien für die Aufforderung zum agitatorischen Aktionismus aus der Parteizentrale zu treffen.[257] Nicht selten wurde

---

Mai, bei denen die Deutschnationalen fast ein Drittel ihrer Stimmen von 1924 verloren. Die SPD konnte hingegen wieder eine Stärkung verzeichnen, und auch die KPD machte leichte Zugewinne. Vgl. STOLTENBERG, Strömungen, S. 116f.
251 HOCH, Scheitern, S. 141; MÖLLER, Küstenregion, S. 320f.; PFEIL, Dithmarschen, S. 19f. SCHULTE, Eckernförde, S. 189; SÖRENSEN, Husum, S. 121f.; ZIMMERMANN, Lauenburg.
252 BRACHER, Auflösung, S. 640.
253 Vgl. zu dem raschen Aufstieg der NSDAP in Schleswig-Holstein in: Stoltenberg, Strömungen, S. 119 STOLTENBERG, Strömungen, S. 119; WULF, Revolution, S. 575f.
254 SIEMENS, Sturmabteilung S. 108f.
255 So mindestens zeitweise in Heide, Bad Oldesloe, Altona und Flensburg. LASH 301-4547, Der Landrat in Heide vom 22.06.1926; LASH 301-4579, Die Polizeiverwaltung in Bad Oldesloe vom 24.03.1926; Der Polizeipräsident Altona-Wandsbek in Altona vom 27.03.1926; SCHARTL, Flensburg, S. 104f.
256 LEMBKE, Gewerkschaften, S. 99f.; STAMP, Gewerkschaften, S. 126.
257 Das wiederholte Ausbleiben der RFB-Werbewochen in weiten Teilen der Provinz, belegen den nur schwach ausgeprägten Aktionismus deutlich. Vgl. hierzu diverse Berichte aus den Kreisen in: LASH 309-22703, siehe exemplarisch: Ebd., Der Landrat in Husum vom 29.07.1926; Der Polizeipräsident in Kiel vom 31.07.1926. Wie Mallmann darlegt, setzen sich vielerorts im Reich die RFB-Ortsgruppen zu großen Teilen nicht aus Mitgliedern der KPD, sondern aus Parteilosen zusammen – im benachbarten Hamburg waren es zeitweise bis zu 70 %. Inwiefern dies in Schleswig-Holstein der

den kommunistischen Anhängern ein mangelndes politisches Bewusstsein von den Führungsebenen vorgeworfen. Anstatt sich am politischen Kampf des RFB gegen Sozialdemokratie, Reichsbanner und Reaktion zu beteiligen, sah man die Frontkämpferorganisation vielerorts jedoch hauptsächlich als Organisator von Freizeit- und Kulturangeboten an.

Die Erkenntnis, dass der Weg über die Betriebe steinig und nur sehr schweren Schrittes zum Ziel führen würde, kam der Führung im RFB bereits kurz nach seiner Gründung, was sie dazu veranlasste, auch andere Spielfelder der politischen Einflussnahme zu erschließen.[258] Hier orientierte man sich stark am Reichsbanner, das seinen gesellschaftlichen Einfluss durch zahlreiche Arbeitervereine bereits nach kurzer Zeit erfolgreich ausgeweitet hatte.[259] Mit der Gründung eigener Vereine sollte ein kommunistisches Gegengewicht zum Reichsbanner kreiert werden, um dessen fortschreitender Expansion so entgegenzuwirken.

In der Provinz wurde daher die Gründung von diversen Vereinen im kulturellen sowie sozialen Bereich aufgerufen. Im Hinblick auf das Reichsbanner gründeten sich so direkte Konkurrenzvereine unter den Musikern, den Sportlern sowie den Wohlfahrtsvereinen.[260] Insbesondere die Sportabteilungen wurden dabei als besonders ergiebige Rekrutierungsfelder angesehen.[261] Inwiefern diese Vereine für ein agitatorisches Vorgehen instrumentalisiert werden konnten, zeigt sich an den Musikgruppen, die stets ein Kernelement bei Umzügen und Veranstaltungen bildeten.[262] Die Hoffnung, dass mit dem Eintritt in diese Vereine auch eine grundsätzliche Politisierung der Mitglieder einherging, wurde

---

Fall war, lässt sich aufgrund fehlender Daten leider nicht belegen. Siehe hierzu sowie weiter zum Verhältnis zwischen der KPD und dem RFB: MALLMANN, Kommunisten, S. 196f.

258 LASH 384.1-19, Der Oberpräsident in Kiel vom 25.08.1926.
259 Im Allgemeinen hatte das Vereinswesen in der Weimarer Republik einen weitaus höheren Stellenwert als heutzutage. Auch betätigten sich Kommunisten und Sozialdemokraten in den zwanziger Jahren zunächst noch gemeinsam in den unterschiedlichen Arbeitervereinen. Erst mit der politischen Spaltung in den Parteien gegen Ende des Jahrzehnts ging auch eine Spaltung der Arbeitervereine einher. Vgl. hierzu: FOITZIK, Verein, S. 59; STAMP, Arbeiter, S. 103f.
260 SAPMO-BA, RY 1/827, Zentralkomitee der KPD, Zum Wochenrundschreiben Nr. 1 vom 05.01.1928; Zentralkomitee der KPD, Zum Wochenrundschreiben Nr. 4 vom 26.01.1928; FOITZIK, Verein, S. 61f.
261 SAPMO-BA, RY 1/827, Zentralkomitee der KPD, Zum Wochenrundschreiben Nr. 4 vom 26.01.1928.
262 Siehe fortführend zu der agitatorischen Bedeutung der Musikgruppen des RFB: HINZE, Agitationskultur.

jedoch nicht immer erfüllt.²⁶³ Zwar spaltete man sich von den anderen Arbeitervereinen ab, ein erhöhter politischer Aktionismus der Mitglieder war meist jedoch nicht zu verzeichnen.

Ein ähnliches Bild zeigte sich in der Roten Jungfront, der RFB-Jugendabteilung, die in direkter Anlehnung und Konkurrenz zum Jungbanner des Reichsbanners organisiert wurde.²⁶⁴ In der Jugend war die Bereitschaft zur politischen Bildung sowie der Wille zum politischen Aktionismus übermäßig stark zu verzeichnen, weshalb sich beide Organisationen um sie bemühten – *wer die Jugend habe, habe auch die Zukunft*.²⁶⁵ Vielerorts war dies jedoch das Reichsbanner, das seinen organisatorischen Vorteil ausnutzen konnte. Konnte man anfangs noch einen starken Mitgliederzuwachs in der RJ verzeichnen, stagnierte dieser bereits nach kurzer Zeit. Dies lag wohl an der Unfähigkeit der erwachsenen Mitglieder, die Bedeutung der RJ für die politische Arbeit zu erkennen, wie auf der Jungfrontkonferenz 1926 berichtet wurde.²⁶⁶ *Das Reichsbanner habe es verstanden, die Jugend zu gewinnen*, erkannte auch Untergauführer Bartels an und forderte die eigenen Reihen auf, sich ein Beispiel an den interessant und geschmackvoll gestalteten Aktivitäten der Konkurrenz zu nehmen.²⁶⁷

Die Erfolge der neugegründeten Vereine orientierten sich erwartungsgemäß an den bereits existierenden Ortsgruppen. Arbeitete eine Ortsgruppe gut, schlug sich das auch im Vereinswesen nieder. So geht aus einem Bezirksbericht zur Roten Hilfe aus dem Juli 1928 hervor, dass in den Städten Neumünster und Kiel

---

263 In Bezug auf die Musikgruppen herrschte daher eine latente Antipartie vor. So spottete der Kieler Untergauführer Bartels, dass *Spielleute überhaupt andere Menschen als die ordentlichen Mitglieder* seien, von denen *kaum praktische Arbeit zu erlangen sei. Sie machen ihre Musik und damit sei auch ihre Tätigkeit als Kommunist erledigt.* In: LASH 301-4548, Die Polizeiverwaltung II in Flensburg vom 17.12.1927, Anlage: Polizeibericht über eine Versammlung des RFB in Flensburg vom 11.12.1927.

264 LASH 301-4548, Der Reichskommissar für Überwachung der öffentlichen Ordnung vom 13.10.1927, Anlage: Abschrift der „Richtlinien zur Durchführung der Gaukonferenzen und Jungfrontkonferenzen" der Bundesführung des RFB vom 21.09.1927.

265 Dieses sowie das folgende Zitat stammt von Otto Bartels, Untergauführer des Untergaus Kiel, aus einem Vortrag über die Ergebnisse der vorangegangen Führersitzung in Hamburg. Ebd., Die Polizeiverwaltung II in Flensburg vom 17.12.1927, Anlage: Polizeibericht über eine Versammlung des RFB in Flensburg vom 11.12.1927; ELSBACH, Reichsbanner, S. 321f.

266 LASH 301-4547, Abschrift des Protokolls zur 3. Reichskonferenz vom 19. bis zum 21.03.1926.

267 LASH 301-4548, Die Polizeiverwaltung II in Flensburg vom 17.12.1927, Anlage: Polizeibericht über eine Versammlung des RFB in Flensburg vom 11.12.1927.

besonders gut gearbeitet würde. In einigen anderen Ortsgruppen würde dagegen *wenig oder gar keine Arbeit geleistet.*[268]

Bis in das Jahr 1929 versuchte sich der RFB in Schleswig-Holstein als kommunistischer Konkurrenzverein zum Reichsbanner für die Arbeiterschaft zu etablieren. Den Forderungen der KPD, auf den Spielfeldern der Betriebe, der Gewerkschaften und der Vereine den Kampf gegen das Reichsbanner, Sozialdemokratie und Reaktion aufzunehmen, gelang allerdings nur in Ansätzen.[269] Unschwer zu erkennen sind hierbei die Parallelen, die sich zu den Strukturen der KPD und des RFB in Schleswig-Holstein auftun. Erfolge ließen sich hauptsächlich dort verzeichnen, wo bereits Vorarbeit von der KPD geleistet worden war. Ernsthafte Erfolge blieben daher aus, wie sich nicht zuletzt auch an der gleichbleibend starken Stellung der Sozialdemokraten in den Betrieben und Gewerkschaften zeigte.[270] Ein ernstzunehmender Akteur, geschweige denn eine Konkurrenz zum Reichsbanner, wurde der RFB in Schleswig-Holstein zu keinem Zeitpunkt. Das Bild des kleinen Bruders, der dem „hassgeliebten"[271] großen Bruder nacheifert, aufgrund seiner charakterlichen Unreife und fehlenden Stärke jedoch scheitert, trifft es hier durchaus passend. Ob sich diese Unbedeutsamkeit des RFB auch auf potenzielle politische Kooperationsmöglichkeiten niederschlug, wird nachfolgend dargestellt.

---

268 Ebd., Der Regierungspräsident in Schleswig vom 23.07.1928. In Lauenburg war der RFB hingegen praktisch bedeutungslos. Vgl. ZIMMERMANN, Lauenburg, S. 440.
269 Es sei an dieser Stelle anzumerken, dass dieses Fazit hauptsächlich auf den zur Verfügung stehenden Quellen des Landesarchivs Schleswig-Holstein sowie den digitalisierten Beständen des Bundesarchivs Berlin-Lichterfelde beruht. Wenngleich davon auszugehen ist, dass die Zuhilfenahme weiterer Quellen kein grundlegend anderes Ergebnis zutage fördern wird, birgt die Betrachtung weiterer Quellen aus dem Bestand des Bundesarchives Berlin-Lichterfelde mit Sicherheit weitere Erkenntnisgewinne zum Thema.
270 Die Arbeit in den Betrieben und Gewerkschaften verlief im gesamten Reich wenig erfolgreich. Sogar dort, wo es funktionierende Strukturen gab, stellten sich nur selten Erfolge ein. In Anbetracht der inneren Verfassung des RFB in Schleswig-Holstein fügen sich die geringen Erfolge daher nahtlos in das Bild ein. Vgl. hierzu: DAPP, Republik, S. 516.
271 MALLMANN, Kommunismus, S. 261.

4.3 Politische Kooperationspotenziale und ihre Realisierungen

Wie bereits dargestellt worden ist, ergaben sich für einen großen Teil der Mitglieder von Reichsbanner und RFB Überschneidungen im Hinblick auf das soziale Milieu ihrer Herkunft. Diese waren das linke Milieu der Arbeiterschaft und die Erwerbslosen. In diesen Milieus wurden die härtesten Gefechte um die Gunst potenzieller Mitglieder gefochten. Im Umkehrschluss bedeutete dies jedoch gleichzeitig, dass die politischen Interessen, die es von Reichsbanner und RFB zu bedienen galt, wenn nicht dieselben, dann zumindest doch sehr ähnliche waren. Im Kern waren dies die Forderungen nach besseren Arbeitsbedingungen bei den bestehenden Arbeitsverhältnissen und die staatliche Unterstützung bei Arbeitslosigkeit. Dies eröffnete in der Theorie einen potenziellen Handlungsspielraum für ein Zusammenarbeiten – sowohl auf Ebene der Parteien als auch auf der der Kampforganisationen.

Ein solcher Handlungsspielraum eröffnete sich erstmals konkret im Rahmen der Debatte um die Fürstenabfindung, die im Winter 1925 das öffentliche Interesse weckte. Die Debatte um die Fürstenabfindung war das Resultat eines ungeklärten juristischen Streites zwischen der Regierung und den deutschen Fürstenhäusern. Diese hatten im Zuge der Revolution von 1918 nicht nur ihre Macht, sondern auch ihre Vermögen, die von der vorläufigen preußischen Regierung beschlagnahmt worden waren, verloren. Seitdem verhandelten das Justiz- sowie Finanzministerium mit den Fürstenhäusern – in Schleswig-Holstein waren dies die Hohenzollern – über die Besitzverhältnisse und eventuelle Entschädigungen (Fürstenabfindung), die an Zweitere zu zahlen wären.[272] Insbesondere im linken Milieu der Bevölkerung sorgten die Verhandlungen über das Fürstenvermögen für eine rege Bewegung, da es hier um enorme Vermögenswerte für den Staat ging, die potenziell auch der Allgemeinheit zugeführt werden könnten. Die KPD erkannte hier das enorme Wählerpotenzial, dass mit diesem Thema einherging und forderte im November 1925 die entschädigungslose Enteignung der Fürsten. Der radikalen Forderung der KPD stand die SPD anfangs ablehnend gegenüber, wenngleich in den eigenen Reihen in dem Zuge bereits der Gedanke einer Volksabstimmung aufgekommen war. Außerdem durchschaute man die strategischen Absichten der KPD, die sich zu diesem Zeitpunkt an die Spitze der Enteignungsbewegung gesetzt hatte, und war so gezwungen

---

[272] Siehe hierzu sowie für eine ausführliche Darstellung der Fürstenenteignung: JUNG, Demokratie, S. 49–69 sowie in Bezug auf Schleswig-Holstein: OMLAND, Volk.

nachzuziehen. Daher erklärte man sich zu Gesprächen mit der KPD bereit, die am 22. Januar begannen. Bereits am 25. Januar reichte man einen gemeinsamen Antrag auf Einleitung eines Volksbegehrens ein.[273]

Für das Verhältnis zwischen dem Reichsbanner und dem RFB bedeutete der gemeinsame Antrag, dass, zumindest in Bezug auf die Fürstenenteignung, eine Zusammenarbeit mit dem Klassenbrüdern denkbar gewesen wäre, da beide Vereine im Kern gegen eine Fürstenabfindung waren. Der RFB marschierte treu im Gleichschritt mit der KPD gegen die Fürsten und für deren entschädigungslose Enteignung. Im Reichsbanner hingegen stellte sich eine Positionierung ungleich problematischer dar. Einerseits hätte eine Enteignung zur Folge gehabt, dass man den politischen Einfluss der Fürstenhäuser, die oftmals antirepublikanische Interessen vertraten und somit wichtige Unterstützer der monarchistischen Strömung waren, empfindlich hätte schwächen können. Für das oberste Ziel des Reichsbanners, den Schutz der Republik, wäre dies von großem Nutzen gewesen.[274] Andererseits standen dem obersten Ziel des Republikschutzes die individuellen Interessen eines nicht unbedeutenden Teils der Mitglieder entgegen. Aufgrund seiner Überparteilichkeit war das Reichsbanner daher keine homogene Gruppe, sondern vereinte Personen vom linken bis zum rechten Rand des republikanischen Spektrums in sich. Dem Gros der Mitglieder, das sich zu der SPD bekannte und somit größtenteils auch zu der Enteignung beziehungsweise dem Volksbegehren, standen die Mitglieder der DDP und dem Zentrum gegenüber, die sich nicht vollends von einem Volksbegehren überzeugen lassen konnten.[275] Eine Positionierung käme daher auch einer Verletzung der politischen Neutralität gleich, unter der das Reichsbanner gegründet worden war.

Letzen Endes überwogen jedoch die Argumente für den Kampf gegen die Feinde der Republik, und man positionierte sich gegen die Fürsten. In der eigenen Presse begründete das Reichsbanner Anfang Dezember 1925 seine Entscheidung mit den Worten:

Das Reichsbanner lehnt es ab, eigene Politik in Konkurrenz mit den republikanischen Parteien zu machen. Seine Aufgabe ist der Schutz der Verfassung. Den Parteien liegt es ob, nach Maßgabe ihrer Mittel alles zu tun, was dem Reichsbanner seine Aufgabe erleichtern und aller zu verhindern, was sie ihm erschweren kann. Dazu gehört auch die Auslieferung riesiger Bar- und Realvermögen an die ehemaligen deutschen Fürstenhäuser. Es ist - nach den Erfahrungen der Geschichte - mit Sicherheit zu erwarten, daß ein guter

---

273 OMLAND, Volk, S. 105; PLEYER, Werbung, S. 11f.
274 ELSBACH, Reichsbanner, S. 163f.
275 OMLAND, Volk. S. 110.

Politische Kooperationspotenziale und ihre Realisierungen 75

Teil der ausgelieferten Werte zu Finanzierung der monarchistischen Bewegung benutzt wird. Dagegen müssen wir uns wehren, wenn wir endlich Ruhe im Land erzwingen wollen. Wer will es verantworten, daß die Republik Millionen und aber Millionen hingibt, in der Gewißheit, damit den Bürgerkrieg zu finanzieren? [...] Das Reichsbanner Schwarz-Rot-Gold muß gegen den Fürstenüberfall auf das deutsche Vermögen in die Schranken treten. Gutmütigkeit und Nachgiebigkeit der deutschen Republikaner gegenüber den finanziellen Forderungen der Fürsten kann sie über Jahr und Tag viel Blut und viele Tränen kosten.[276]

Wie Sebastian Elsbach in diesem Kontext feststellt, verfolgte das Reichsbanner „mit seinem Engagement für eine Fürstenenteignung das Ziel des Republikschutzes und hatte keine klassenkämpferischen Absichten."[277] Ganz im Gegensatz zum RFB, der mit seiner Arbeit auf Zweiteres abzielte.

Eine Zusammenarbeit zwischen dem Reichsbanner und dem RFB wäre in Bezug auf die politischen Forderungen durchaus denkbar und insbesondere für den RFB keine neue Forderung gewesen. Bereits nach der Wahl Hindenburgs zum Reichspräsidenten im Juni 1925 hatte die Kommunistische Internationale beschlossen, dass man sich mit den Sozialdemokraten und den anderen republikanischen Parteien gegen die Monarchisten zu einer „Roten Front" zusammenschließen müsse. Der RFB sollte folglich nicht mehr die *Prügelpolitik*[278] der vorangegangenen Monate fortsetzen, sondern stattdessen eine Zusammenarbeit mit dem Reichsbanner forcieren.[279] All dies sollte selbstverständlich nur mit dem langfristigen Ziel der *Herausbildung einer Arbeiterorganisation* im Reichsbanner, *die dort im oppositionellen Sinne [...] wirken sollte*, geschehen.[280] Dieser linke Flügel würde dann – so zumindest die Hoffnung – das Reichsbanner von innen heraus zersetzen.[281] In anderen Städten des Reiches hatte es eine derartige Einheitsfront in Form von *Kampfgemeinschaften gegen die schwarz-weiß-roten Faschisten* bereits während der Reichspräsidentschaftswahl gegeben.[282]

---

276 *Fürstenüberfall*, in: RBZ Nr. 23 vom 01.12.1925.
277 ELSBACH, Reichsbanner, S. 165.
278 LASH 320.8-960, Rundschreiben der Bundesleitung des RFB vom 30.11.1925.
279 *Die Kommunisten wünschen ein Bündnis mit dem Reichsbanner*, in: Apenrader Blatt Nr. 136 vom 17.06.1925; LASH 320.8-960, Der Oberpräsident in Kiel vom 19.01.1926.
280 LASH 301-4546, Der Preußische Minister des Innern vom 11.01.1926.
281 Ebd.
282 LASH 309-22795, Der Oberpräsident in Kiel vom 26.06.1925. Dass die KPD dabei ein stark ambivalentes Verhältnis zur SPD unterhielt, offenbart ein Rundschreiben, in dem es noch im April geheißen hat: *Jede Verhandlung mit der S.P.D ist verboten!* Siehe dazu: LASH 301-4546, Der Polizeipräsident in Kiel vom 08.05.1925.

Für Schleswig-Holstein sind derartige Kampfgemeinschaften jedoch nicht zu belegen.[283] Auch in den Monaten nach der Wahl war eine Zusammenarbeit zwischen dem Reichsbanner und dem RFB nicht nachzuweisen, wie der Polizeipräsident in Altona noch im Januar berichtete.[284] Zwar gab es Bemühungen von Seiten des RFB, allerdings wurden diese vom Reichsbanner nicht erwidert, da man es ablehnte, *sich mit den Kommunisten auf eine Stufe zu stellen.*[285] Auch wird man im Reichsbanner nicht derart naiv gewesen sein, die Zersetzungstaktiken in den Betrieben der vorangegangenen Monate und das langfristige Ziel des RFB, die Mitglieder des Reichsbanners in das kommunistische Lager zu ziehen, ausgeblendet zu haben.[286]

Wie bereits erwähnt, übernahmen daher zunächst die Kommunisten die Führung in der Fürstenenteignungskampagne. Für den RFB im Gau Wasserkante eröffnete sich nun erneut die Möglichkeit, von großem Nutzen für die KPD zu sein. Auch wenn man Ende des Jahres 1925 noch immer weit hinter den Erwartungen der Partei lag, war die Etablierung in der Provinz doch stetig, wenn auch in kleinen Schritten, vorangeschritten.[287] Wie groß sein Nutzen für und der Einfluss auf die kommunistische Wahlkampfkampagne zu den Wahlen des Provinziallandtags im November war, ist schwer zu beurteilen, fest steht jedoch,

---

283 Siehe exemplarisch: LASH 301-4524, Der Landrat in Husum vom 14.07.1925.
284 LASH 309-22795, Der Polizeipräsident Altona-Wandsbek in Altona vom 20.01.1926. Weitere derartige Berichte finden sich ebd. sowie in LASH 301-4524.
285 LASH 309-22795, Der Polizeipräsident in Kiel vom 08.06.1925.
286 Das Reichsbanner handelte somit im Einklang mit dem ADGB, der in einer Stellungnahme zur Fürstenenteignung eine Zusammenarbeit mit den Kommunisten und ihre neugebildeten Einheitskomitees aufs schärfste ablehnte: *Weder für den Volksentscheid noch für den gewerkschaftlichen Kampf bedürfen wir der Einheitskomitees. Wer ihrer bedarf, das sind einzig die Kommunisten, und wer ihnen dabei hilft, der schädigt die Gewerkschaften. Wir fordern die gewerkschaftlichen Instanzen aller Verbände [...] auf, dem neuen Einheitsfrontschwindel in der schärfsten Weise entgegenzutreten. Es ist ein unerhörter Skandal, daß die Kommunisten angesichts des auch von ihnen gewollten Volksentscheides nichts Besseres zu tun haben, als parteiegoistischer Zwecke willen den Kampf in die Gewerkschaften zu tragen. Wenn die Volksbewegung darunter leidet, fällt alle Verantwortung dafür auf sie zurück!* KUKUCK/SCHIFFMANN, Gewerkschaften, S. 596f.
287 LASH 301-4577, Der Polizeipräsident in Kiel vom 29.08.1925.

Politische Kooperationspotenziale und ihre Realisierungen 77

dass der RFB aktiv an der Wahlkampagne teilgenommen und diese unterstützt hatte.[288]

Die explizite Frage nach dem effektiven Nutzen des RFB stellt sich aufgrund diverser Zusammenstöße mit der Polizei aus dem vorangegangenen Sommer. Zwar war es vermehrt zu Gründungen von Ortsgruppen in Schleswig-Holstein gekommen, allerdings geht aus diversen Polizeiberichten hervor, dass es einzelnen Gruppen noch im Herbst an Organisation und Disziplin mangelte. Ein Landjägermeister berichtet hierzu über einen „Roten Tag" des RFB in Lauenburg:

> Er [habe] in seiner langjährigen Praxis noch nicht einen solchen Haufen Gesindel beisammen gesehen habe. Es wären durchweg Verbrechertypen gewesen. Während des Umzuges hätten sich selbst einfache Leute aus Arbeiterkreisen, die sich den Umzug ansahen, beim Anblick der Horden in das Haus zurückgezogen. Anpöbeleien, insbesondere wegen der gestern in Lauenburg aus Anlass des Gewerkschaftsfestes ausgehängten schwarz-rot-goldenen Fahne kamen fortgesetzt vor, jedoch ereigneten sich keine Zusammenstösse.[289]

Ein weiterer Bericht gibt Auskunft über einen gewaltsamen Zusammenstoß zwischen Polizisten und Mitgliedern des RFB sowie der Roten Marine in Altona, bei dem zwei Polizisten und mehrere Kommunisten verletzt worden waren.[290] Dem ohnehin schon schwierigen Stand der Kommunisten in der Bevölkerung wird ein solches Auftreten sicherlich nicht erträglich gewesen sein und auch im

---

288 Siehe exemplarisch: LASH 301-4524, Der Landrat in Steinburg vom 20.11.1925. Die KPD erhielt 7,3 %, die SPD ging aus der Wahl mit 32,7 % als Sieger hervor. Vgl. Tabelle bei: FALTER/LINDENBERGER/SCHUMANN, Wahlen, S. 103.
289 LASH 301-4546, Der Landrat in St. Georgsberg vom 31.08.1925. Ein ähnlicher Bericht beschreibt einen Vorfall, bei dem Mitglieder des RFB in eine lautstarke Auseinandersetzung mit einem Ladenbesitzer involviert waren, in dessen weiterem Verlauf sie mit gezückten Messern ein Wohnhaus durchsuchten und fälschlicherweise einen schwerkranken Mann in seinem Bett verprügelt hatten. Ebd., Der Landrat des Kreises Stormarn vom 18.09.1925.
290 Ebd., Der Preuss. Polizeipräsident Altona-Wandsbek vom 29.11.1925. In der kommunistischen Presse inszenierte man diesen Zusammenstoß als *Sipoüberfallkommando*. Vgl. *Die Polizeiaktion gegen die Rote Marine*, in: HVZ Nr. 292 vom 17.12.1925. In diesem Kontext sind auch die sich im selben Zeitraum mehrenden Anzeigen gegen Mitglieder der Roten Marine wegen unberechtigten Uniformtragens, was bei Teilen der Bevölkerung auf großes Missverständnis stieß, zu nennen. Siehe hierzu die zahlreichen Akten in: LASH 301-4546 sowie 301-4547. An dieser Stelle seien auch noch die Ausschreitungen vom 09.06.1025 im Hamburger Grenzland genannt, bei denen Mitglieder der KPD und des RFB unter anderem in Häuser von vermeintlich rechtsgesinnten Anwohnern eingedrungen waren und diese bedroht und verprügelt hatten. Vgl. LASH 301-4524, Der Polizeipräsident Altona-Wandsbek vom 09.06.1925.

Reichsbanner wird man sich in Anbetracht einer solchen Außendarstellung und einem solchen Vorgehen gegen die Staatsgewalt noch einen zusätzlichen Schritt vom RFB distanziert haben.

Obgleich die Voraussetzungen für eine Zusammenarbeit zwischen RFB und Reichsbanner um den Jahreswechsel 1925/26 nur wenig vielversprechend erschienen, rückte man von kommunistischer Seite nicht davon ab, eine Zusammenarbeit erzielen zu wollen. Auf dem Roten Tag in Altona am 17. Januar 1926, dem etwa 3.000 Personen beiwohnten und auf dem sich insbesondere der RFB als tragendes Element der Organisation präsentierte, wurde dies nochmals betont, als ein Redner gegen die Fürstenabfindung sprach und sich daran anknüpfend auch an die SPD und das Reichsbanner richtete.[291] Laut einem Polizeibericht äußerte sich der Redner wie folgt:

Nicht allein die kommunistische Partei, sowie die Erwerbslosen und Sympathisierenden der kommunistischen Partei, sondern auch die S.P.D. sowie das Reichsbanner hätten gegen eine derartige Fürstenabfindung Stellung genommen. Es würde die Zeit kommen, wo nicht alleine nur die K.P.D. der Sturmtrupp sei, sondern auch das Reichsbanner würde sich an die Seite des R.F.B. stellen und gemeinsam gegen die Blutsauger und Unterdrücker des werktätigen Volkes vorgehen.[292]

Auch als sich die SPD Ende Januar zu Gesprächen bereiterklärte und bereits nach kurzer Zeit mit der KPD einen gemeinsamen Antrag für ein Volksbegehren einreichte, änderte sich das Verhältnis zwischen Reichsbanner und RFB nicht. Zwar einigten sich KPD und SPD auf eine gemeinsame Finanzierung von Plakaten und Listen, gemeinsame Versammlungen, Demonstrationen oder sonstige Veranstaltungen wollte man jedoch selbstständig organisieren. So wollte die SPD verhindern, dass es zu einer „Verzahnung" auf der unteren Ebene, wie sie von der KPD ausdrücklich gewünscht war, kommen konnte.[293] Auch das Reichsbanner

---

291 Der Polizeiwachtmeister Maack, der den Roten Tag beaufsichtig hatte, vermerkte in seinem Bericht die überraschende Disziplin, mit der der RFB aufgetreten war. Er notierte: *Aufgefallen ist mir die Ordnung, die im Zuge herrschte, die Unterführer hatten ihre Leute in der Hand. Den Anordnungen der Polizei wurde ohne weiteres Folge geleistet, sodaß kleine Verkehrshindernisse (Strassenbahnen über Kreuzungen leiten) ohne Schwierigkeiten überwunden wurden.* Es ist durchaus anzunehmen, dass dies auf eine fortschreitende Organisation innerhalb der RFB-Strukturen hindeutet. Außerdem wird der RFB selbst seine Mitglieder aufgrund der außerordentlichen Bedeutung des Tages zu besonderer Disziplin aufgerufen haben. LASH 301-4546, Präsidialabteilung P. 2. vom 18.01.1926.
292 Ebd.
293 SCHUSTER, Frontkämpferbund, S. 150.

wies in seiner Organisationsanweisung vom 15. Februar seine Mitglieder nochmals und mit Nachdruck an, lediglich republikanische Parteien zu unterstützen, ein *gemeinsames Vorgehen mit Nichtrepublikanern (Nationalisten, Kommunisten oder Roten Frontkämpfern) darf* **unter keinen Umständen** *stattfinden*.[294] Weiter wurde auf die anhaltende *kommunistische Wühlarbeit* im Reichsbanner hingewiesen, der man so keine Möglichkeit zur weiteren Entfaltung bieten wollte.[295]

In Schleswig-Holstein ist daher auch für die nachfolgenden Monate der Fürstenenteignungskampagnen keine Zusammenarbeit zwischen Reichsbanner und RFB nachzuweisen.[296] An mangelnder Initiative des RFB kann jedoch auch nach der Einreichung des Antrags kein Zweifel bestehen. Auf allen Ebenen versuchte man ein Zusammengehen mit dem Reichsbanner zu erwirken. So auch in der Jugendabteilung, der Roten Jungfront, die die Einheitsfronttaktik gegenüber den Reichsbannerjungmannschaften verstärken sollte.[297] So hieß es im März in einer Resolution über die Aufgaben der RJ:

> *Unsere Taktik gegenüber den Jungmannschaften des Reichsbanners ist die des gesamten Bundes: [...] Unsere Taktik gegenüber den Jungmannschaften als Rote Jungfront soll die Einheitsfrontbewegung stärken und vorwärtstreiben, da auch im Reichsbanner, wie in allen anderen Organisationen die Jungmannschaften das schwächste Glied in der Kette sind.*[298]

Die daran gekoppelte Arbeit äußerte sich vor allem in Form von Diskussionen, Demonstrationen und Kundgebungen, die gemeinsamen mit dem Reichsbanner stattfinden und diesen so unterwandern und von innen heraus zersetzen sollten.[299]

Doch auch die Bemühungen der Roten Jungfront blieben erfolglos – bis zum Beginn der Abstimmung bzw. Eintragung in die Einzeichnungslisten kam es zu keinerlei offizieller agitatorischer Kooperation in Schleswig-Holstein, was von der kommunistischen Presse wiederholt aufgegriffen und kritisiert wurde.

---

294 LASH 384.1-19, Organisations-Anweisungen Nr. 1 vom 15.02.1926.
295 Ebd.
296 Dies konstatierte auch der kommunistische Redner Becker auf einer Versammlung des RFB in Flensburg Ende Februar und fügte anklagend hinzu: die Schuld dafür *läge ausschließlich bei dem Reichsbanner*. LASH 301-4525, Die Polizeiverwaltung II in Flensburg vom 27.02.1926.
297 LASH 301-4547, Der Reichskommissar für Überwachung der öffentlichen Ordnung vom 24.04.1926, Anlage 4, S. 4.
298 Ebd.
299 Ebd.

Bereits Anfang Februar warf Ernst Thälmann dem Reichsbanner mangelnden Einsatz und fehlende Kooperationsbereitschaft vor und richtete sich gleichzeitig an die Reichsbannerkameraden, dass sie die Lücke in der *Einheitsfront der Fürstenfeinde* schließen und gemeinsam mit dem RFB auftreten sollten.[300] Von Seiten des Reichsbanners wies man den Vorwurf des mangelnden Einsatzes scharf zurück und verwies stattdessen darauf, dass man *den Kampf gegen den Raubzug der Landesverräter schon lange im Vorjahre zu einer Zeit aufgenommen hatte, da die KPD und ihr Roter Frontkämpferbund untätig und unschlüssig zur Seite standen.*[301] Auch die kommunistische Presse forderte ein Zusammengehen der beiden Organisationen im Kampf gegen die Fürstenabfindung und die diese unterstützenden reaktionären Kräfte, indem sie Ende Februar titelte: *Kampf-Bündnis der Reichsbannerarbeit und der Roten Frontkämpfer!* und erklärte weiter, dass die KPD, trotz ihrer grundsätzlich antirepublikanischen Haltung und ihrer *weitergesteckten Ziele*, zu einer Zusammenarbeit mit republikanischen Organisationen bereit sei.[302] Dass diese *weitergesteckten Ziele* nicht mit den eigenen zu vereinen waren, war dem Reichsbanner bewusst, weshalb es nur wenig überraschend, dass man auch dieses Angebot der Zusammenarbeit ablehnte.

Allgemein wurde die Fürstenenteignungskampagne in der Presse beider Seiten von Vorwürfen gegen den jeweils anderen begleitet.[303] Das Hauptziel bestand hierbei offensichtlich darin, die andere Seite durch Schuldzuweisungen bei ihren Befürwortern zu diskreditieren und sich selbst als Motor der Fürstenenteignungskampagne zu inszenieren.

Als die Einzeichnungslisten am 17. März 1926 geschlossen wurden, hatten fast 300.000 Schleswig-Holsteiner für das Volksbegehren gestimmt, was 29,2 % der Wahlberechtigten entsprach. Auf Reichsebene waren es etwa 12,5 Millionen Deutsche, entsprechend 31,8 % der Wahlberechtigen.[304] Das Ergebnis war ein größerer Erfolg, als zu erwarten war. Insbesondere der RFB inszenierte sich hier

---

300 LASH 301-4525, Flugblatt *Fürstenenteignung und Wofür ist das Reichsbanner?* vom 05.02.1926.
301 *Das Reichsbanner im Kampf gegen die Fürsten*, in: Hamburger Echo Nr. 68 vom 09.03.1926.
302 *Reichsbanner! Heraus aus der Reserve!*, in: HVZ Nr. 43 vom 20.02.1926.
303 Vgl. dazu diverse Zeitungsartikel in LASH 301-4535; 301-22795; 301-4546; vgl. hierzu auch den Arbeitsbericht des RFB von Willy Leow, in dem er auf der 3. Reichskonferenz im März 1926 berichtete: *Wir haben in letzter Zeit zu verzeichnen eine systematische Kampagne der Verleumdung und der Lüge seitens unserer Gegner gegen den RFB.* LASH 301-4547, Protokoll der 3. Reichskonferenz am 19., 20. und 21. März 1926, S. 5.
304 OMLAND, Volk, S. 118.

als treibende Kraft des Erfolges und versäumte es dabei nicht, dem Reichsbanner nochmals sein mangelhaftes Engagement vorzuwerfen. Die Rote Fahne schrieb hierzu anklagend: *Der Sieg des Volksbegehrens ist nicht mit dem Reichsbanner – sondern trotz des Reichsbanners erreicht worden.*[305] An dieser Stelle sei anzumerken, dass der Sieg des Volksbegehrens, zumindest in Schleswig-Holstein, zum größten Teil nicht auf die Arbeit von den Kommunisten zurückzuführen ist. Ihre agitatorischen Erfolge beschränkten sich hauptsächlich auf die größeren Industriestandorte, das Hamburger Grenzland und Kiel. In den übrigen ländlichen Teilen der Provinz gelang es der KPD und dem RFB nur in äußerst geringem Maße, ein Interesse für ihre Veranstaltungen oder ihre Schriften in der Bevölkerung zu erregen und diese so in ihr Lager zu ziehen.[306] Auch die Arbeit in den Betrieben, die als Basis für die geforderte „Einheitsfront" galt, war nicht so erfolgreich, wie es sich die KPD-Zentrale erhofft hatte.[307] Dies lag nicht zuletzt an den eigenen Spaltungsbestrebungen, auf die die SPD und die Gewerkschaften mit der Isolierung der KPD reagierten und auch die Arbeiter vor der Teilnahme an KPD-Veranstaltungen warnten.[308]

Auch der Umstand, dass der Weg zum Volksentscheid geebnet war, konnte die beiden Vereine in den folgenden Monaten bis zum Volksentscheid nicht näher zueinander bringen.[309] Der Anordnung im Reichsbanner, keine gemeinsame Sache mit den Kommunisten zu machen, wurde Folge geleistet – eine

---

305 *Erzwingt den Volksentscheid! Sieg des Volksbegehrens trotz Reichsbanner-Neutralität"*, in: Die Rote Front Nr. 7 vom April 1926.
306 Dies belegen zahlreiche Berichte über gescheiterte Gründungen von Ortsgruppen und nur geringe Besucherzahlen auf den Versammlungen in LASH 301-4535; 320.8-998; 301-4546. Vgl. dazu exemplarisch: LASH 301-4525, Der Landrat in Bordesholm vom 04.03.1926; bezeichnend auch die Auskunft des Landrats aus dem Kreis Südtondern, der über keinerlei kommunistische Werbeaktivitäten im gesamten Kreis berichtet. LASH 309-22703, Der Landrat in Niebüll vom 02.08.1926. Als exemplarischer Industriestandort sei hier erneut die Zementindustriegemeinde Lägerdorf genannt. Siehe hierzu fortführend: MÖLLER, Radikalismus.
307 LASH 301-4525, Der Polizeipräsident Altona-Wandsbek vom 23.03.1926; Die Präsidialabteilung in Altona vom 19.04.1926.
308 PFEIL, KPD, S. 194; SCHARTL, Flensburg, S. 134.
309 Vgl. exemplarisch den Polizeibericht über die mangelhafte Interaktion der Ortsgruppen des RFB und des Reichsbanners von März bis Juni in Heide. LASH 301-4547, Der Landrat in Heide vom 22.06.1926 sowie den Zeitungsartikel: *Zellenpolitik im Reichsbanner*, in: SHVZ Nr. 124 vom 12.06.1926. Strikte Ablehnung erfuhren die Kommunisten auch anderorts, wie zum Beispiel in Flensburg. Vgl. SCHARTL, Flensburg, S. 134.

Zuwiderhandlung hätte den Ausschluss aus dem Reichsbanner zur Konsequenz gehabt.[310] Etwaige Berichte über eine erfolgreiche Zusammen- bzw. Zersetzungsarbeit im Reichsbanner in Schleswig-Holstein sind eher als Produkt der eigenen Propaganda zu bewerten. So berichtete Otto Wahls, zu jener Zeit Gauführer der RJ, auf der 3. RFB-Reichskonferenz für den Gau Wasserkante entgegen der Reichsbannerpresse und den Berichten der Polizei: *In der Fürstenkampagne sind wir durch unsere Taktik an das Reichsbanner herangekommen. Durch die Anwendung der Arbeitsmethoden, wie sie aufgezeigt wurden, haben wir gute Erfolge zu verzeichnen.*[311] Auch Berichte von einzelnen Personen oder kleineren Gruppen des Reichsbanners, die gemeinsame Sache mit den Kommunisten machten, wie etwa in Stapelfeld am 20. Juni 1926, dem Tag des Volksentscheids, bei dem Reichsbannerleute gemeinsamen mit Kommunisten *Radau* verübten und Personen verprügelten, um diese für ihr Fernbleiben von der Wahl zu bestrafen, blieben die Ausnahme.[312] Von einer organisierten und offiziellen Zusammenarbeit, zu der es in anderen Teilen des Reiches gekommen war, kann in Schleswig-Holstein nicht gesprochen werden.[313]

Der Volksentscheid scheiterte letztlich aufgrund einer zu geringen Wahlbeteiligung. Zwar entfiel der Großteil der abgegebenen Stimmen mit 14,46 Millionen auf „Ja", also für eine Enteignung der Fürsten, und lediglich 585.714 auf „Nein", für einen erfolgreichen Volksentscheid wären jedoch etwa 20 Millionen „Ja"-Stimmen (50 % der Wahlberechtigten) notwendig gewesen.[314]

Da auch alle weiteren Versuche, eine Einigung mit den Fürsten zu erzielen, im Reichstag gescheitert waren, wurde die Debatte um die Fürstenabfindung letztendlich von den Ländern durch Verträge geregelt. Auch in Preußen kam es zu einer Einigung mit den Hohenzollern, wenngleich dies entgegen großer Widerstände aus der SPD-Fraktion geschah.[315] Ungeachtet dieses Widerstandes gab die Übereinkunft der KPD genug Anlass, um der SPD und dem Reichsbanner

---

310 SCHUSTER, Frontkämpferbund, S. 143f.
311 LASH 301-4547, Protokoll der 3. Reichskonferenz am 19., 20. und 21. März 1926, S. 3.
312 LASH 301-4526, Der Regierungspräsident in Schleswig vom 01.07.1926.
313 So kam es unter anderem in Thüringen und Berlin zur lokalen Zusammenarbeit zwischen KPD, RFB und Reichsbanner. ELSBACH, Reichsbanner, S. 164; FINKER, Frontkämpferbundes, S. 77.
314 JUNG, Demokratie, S. 57. Im Reich stimmten 36,4 % der Wahlberechtigten mit „Ja", in Schleswig-Holstein lag man mit 34,8 % leicht unter dem Reichsdurchschnitt. OMLAND, Volk, S. 119. Eine ausführliche Analyse sowie Auflistung der Wahlergebnisse in den schleswig-holsteinischen Wahlkreisen (inkl. Grafik) findet sich ebd., S. 121.
315 OMLAND, Volk, S. 119.

nochmals mangelnden Einsatz und schließlich auch die Schuld für den gescheiterten Volksentscheid zuzuschreiben. Insbesondere dem sozialdemokratischen Ministerpräsidenten Otto Braun, der gleichzeitig auch eine höhere Position im Reichsbanner innehatte, wurden große Vorwürfe gemacht, da er als Ministerpräsident den *Hohenzollernpakt*[316] unterzeichnet hatte. Dem Reichsbanner wurde hingegen erneut vorgeworfen, beim Volksentscheid keine *klare Stellung eingenommen und [...] dadurch die Bewegung ganz gewaltig geschwächt und die Front der Fürstenknechte gestärkt* zu haben.[317]

Die Debatte um die Fürstenenteignung verdeutlichte für die Provinz Schleswig-Holstein zweierlei: Zunächst ist festzuhalten, dass die geringe Zustimmung für eine Fürstenenteignung zeigte, dass die politische Linke, bestehend aus SPD und KPD, weite Teile der Bevölkerung inhaltlich nicht ansprechen und mobilisieren konnte. Weiter offenbarte sie, dass SPD und KPD ihren größten Rückhalt, und dies trifft insbesondere auf die KPD zu, hauptsächlich in den großen Industriestädten erhielten, während sich die Bevölkerung auf dem Land tendenziell in der politischen Mitte oder auf dem rechten Flügel positionierte. Diese Feststellung fügt sich in das Bild eines politischen Rechtsruckes in der Provinz, der sich bereits nach den Wahlen von 1924 und in den vorangegangenen Jahren abgezeichnet hatte und insbesondere auf dem Land zu beobachten war, nahtlos ein.[318] Doch auch in Anbetracht der Vorbehalte, die große Teile der Bevölkerung gegen die Enteignungskampagne hegten, lehnte das Reichsbanner die Zusammenarbeit mit dem RFB konsequent ab. Abgesehen davon, dass sich die beiden Organisationen in ihren Zielen noch immer diametral gegenüberstanden (Republikschutz vs. Kampf gegen die Repu-blik), war es auch die politische Heterogenität der Reichsbannermitglieder, die eine eindeutige Positionierung zur Fürstendebatte verhinderte und diesen so in gewisser Weise lähmte. Es war also nicht nur die allgemeine Ablehnung gegenüber den Kommunisten, wenngleich sie wohl den größten Anteil hatte, sondern auch die innere Uneinigkeit des Reichsbanners, die die zahlreichen Bemühungen für eine Einheitsfront von kommunistischer Seite unbeantwortet und eine aktive Zusammenarbeit nicht zustande kommen ließen.

Ein ähnliches Bild wie bei der Fürstenabfindung zeichnete sich zwei Jahre später im Kontext der Debatte um den Bau des „Panzerkreuzers A". Auch hier

---

316 LASH 301-4547, *Zerreißt den Hohenzollernpakt!*, in: Die Rote Front Nr. 20 vom Oktober 1926.
317 Ebd.
318 OMLAND, Volk, S. 121.

positionierten sich die SPD und die KPD auf derselben Seite. Hintergrund war der, dass der Reichstag Ende März für den Bau 9,3 Millionen Reichsmark bewilligt hatte – gegen die Stimmen von SPD und KPD. Erste Pläne für den Bau kamen erstmals Ende 1927 im Wehretat auf. In den Wahlkämpfen von 1928 war der Bau eines der Hauptwahlkampfthemen. Mit ihrer Parole „Kinderspeisung statt Panzerkreuzer" machte die SPD deutlich, dass sie die finanziellen Mittel für den Panzerkreuzerbau lieber in soziale Projekte hätte fließen lassen, und auch im Reichsbanner zeigte man sich mit ablehnender Haltung gegenüber dem Bau des Panzerschiffes.[319] In der Aprilausgabe von 1928 der Reichsbannerzeitung wurden die Forderung und die Bewilligung des Baus gegen die Stimmen der Linken als *Rückfall in verfehlte Vorkriegsmethoden, die machtpolitisch gesehen nicht das geringste nützen,* bezeichnet.[320] Stattdessen würden sie lediglich zu einer Verschärfung der außenpolitischen Lage führen und die *Gefahr eines lächerlichen kleinen Wettrüstens in der Ostsee* schaffen.[321] Wie die SPD war auch die KPD mit den Parolen für die Kinderspeisung und gegen eine steigende Kriegsgefahr in ihren Wahlkampf gezogen. Im Gegensatz zur SPD stand bei den Kommunisten jedoch die wachsende Bedrohung für Russland durch eine Aufrüstung Deutschlands im Fokus.[322] Die Arbeit des RFB basierte demnach primär mit dem Ziel des Schutzes der Sowjetunion vor den *imperialistischen Kriegstreibern*.[323]

Nach dem positiven Wahlergebnis von SPD und KPD muss es sowohl bei den Sozialdemokraten als auch bei den Kommunisten Grund zur Annahme gegeben haben, dass der Bau des „Panzerkreuzers A" doch noch gestoppt werden würde. Umso größer war der Aufschrei, als der Bau im August von der Reichregierung – mit der Zustimmung der SPD-Minister – freigegeben wurde.[324] Die schärfsten Vorwürfe kamen von der KPD, die der SPD den Verrat an ihren Wählern und imperialistische Rüstungspolitik vorwarf.[325] Auch aus der SPD selbst erntete die Entscheidung der Regierung scharfe Kritik.[326] Wohl auch von der massiven Kritik von Seiten der SPD bestärkt, reagierte die KPD mit der Initiierung eines Volksbegehrens. Stieß die Idee eines Volksbegehrens zu Beginn unter den linken

---

319 JANUSCH, Propaganda, S. 12.
320 *Wahlen und Außenpolitik*, in: RBZ Nr. 10 vom 22.04.1928.
321 Ebd.
322 JANUSCH, Bildband, Kommunistische Partei Deutschland Nr. 5.
323 LASH 301-4548, Reichskommissar für Überwachung der öffentlichen Ordnung vom 25.04.1928, Anlage: „10 Jahre Rote Armee".
324 JANUSCH, Propaganda, S. 12.
325 NIEMANN, Sozialdemokratie, S. 344.
326 Ebd.

Sozialdemokraten noch auf Sympathien, ließ die Unterstützung bereits nach kurzer Zeit nach, nachdem man sich in der Partei um Beschwichtigung bemüht und an den antikommunistischen Geist seiner Mitglieder appelliert hatte.[327] Das Volksbegehren war somit – im Gegensatz zur Fürstenenteignung – ein Projekt, das allein von der KPD und ihren Organisationen getragen wurde.

In Anbetracht der geringen Popularität der KPD und des RFB außerhalb der größeren Städte Schleswig-Holsteins zeichnete sich bereits früh ab, dass es ihnen nicht möglich sein würde, die notwendigen Mobilisierungsarbeiten für ein erfolgreiches Volksbegehren leisten zu können. So verwundert es nicht, dass vom RFB organisierte Aktionen, wie die Anfang August in Elmshorn, auf nur geringe Resonanz in der Bevölkerung stießen. Dort konnte ein Umzug, an dessen Anschluss zum Thema des Panzerkreuzerbaus gesprochen wurde, lediglich 400 Personen anziehen, was *im Verhältnis zu den getroffenen großen Vorbereitungen sehr gering war*, wie ein Polizist in seinem Bericht festhält.[328] Auch vom Reichsbanner, das sich vor wenigen Monaten noch gegen den Bau des Panzerschiffes ausgesprochen hatte, erfuhr das kommunistische Vorhaben weder Beachtung noch Zustimmung. Die Reichsbannerzeitung tat den Bau als realpolitische Notwendigkeit ab, der die ideologischen Wünsche einzelner Parteigänger hatten weichen müssen, gleichzeitig aber auch nicht als Anlass für eine Radikalisierung nach links ansehen dürfe.[329] Das Volksbegehren scheiterte erwartungsgemäß mit lediglich 1,2 Millionen Listeneintragungen – 2,9 Millionen weniger als notwendig gewesen wären.

Rückblickend erscheint das Jahr 1928 als ein sozialdemokratisches Erfolgsjahr. Durch die gewonnen Reichs- und Landtagswahlen, bei denen man auch auf dem Land und an der Westküste Gewinne erzielen konnte, sowie durch die Durchsetzung des Baus des Panzerkreuzers A waren Fakten geschaffen worden, die vorerst ein Gefühl von Sicherheit und Entspannung der politischen Lage gegeben hatten. Dass die partielle Öffnung zur Sozialdemokratie auf dem Land in den kommenden Monaten und Jahren in das komplette Gegenteil umschlagen sollte, rechtsgewandte Organisationen und Parteien sich bereits im Winter 1928 wieder im Aufwind befanden und staatsfeindliche Ressentiments sowie deutschnationale Ideen auf großen Anklang bei der Landbevölkerung stießen,

---

327 Ebd., S. 346.
328 LASH 301-4548, Der Landrat in Pinneberg vom 04.09.1928.
329 *Innenpolitik*, in: RBZ Nr. 30 vom 09.09.1928.

ahnten weder die republikanischen Parteien noch das Reichsbanner zu diesem Zeitpunkt.[330]

4.4 Konfliktlinien – Faschismus, Militarisierung und Gewalt

In der Weimarer Republik war der Militarismus stets ein omnipräsentes Element in der Gesellschaft.[331] Wenig verwunderlich, war doch die große Mehrheit im Wilhelminischen Kaiserreich, in dem Militär und Soldatentum eine bedeutsame Rolle spielten, sozialisiert worden.[332] Auch die Schrecken des Ersten Weltkrieges ließen viele Deutsche mit wenig mehr als ihrem Soldatendasein aus Kriegszeiten zurück. Die nach dem Krieg formierten Vereine für ehemalige Kriegsteilnehmer dienten daher als Auffangbecken – die Rückkehr zu Kameradschaft sowie Zucht und Ordnung bot vielen Kriegsheimkehrern Halt und half, sich in der neuen Republik zurechtzufinden. Hinzu kamen die Monarchisten, die das Kaiserreich mitsamt seinem Militarismus wieder herbeisehnten. Auch dass sich die Republik in ihren ersten Jahren nur sehr wackelig auf den Beinen halten konnte und gegen zahlreiche gewaltsame Angriffe abwehren musste, half nicht, der Bevölkerung den militaristischen Geist zu nehmen.

Sowohl im Reichsbanner als auch im RFB zeigte man eine gewisse Zuneigung zum Militarismus, wenngleich sich dieser bei näherer Betrachtung eindeutig unterschied. Im Reichsbanner waren es primär die militärischen Stilmittel wie Uniform, Marschdisziplin und klare Hierarchien, derer man sich bediente. Weitergehende militärische Absichten wurden zurückgewiesen und das Gewaltmonopol sah man beim Staat. Im RFB hatte der Militarismus hingegen einen gänzlich anderen Stellenwert. Zwar bedienten auch sie sich der militärischen Stilmittel und gaben sich nach außen hin rechtstreu und gemeinwohlorientiert. Insgeheim legten sie, wie bereits dargestellt, jedoch die ersten Grundsteine für eine proletarische Schutztruppe, die in Russlands Kampf gegen den kapitalistischen deutschen Staat zum Einsatz kommen sollte. Im Kontext der unterschiedlichen Auffassung vom Militarismus innerhalb der eigenen Organisation rückte somit auch die von kommunistischer Seite angestrebte Einheitsfront mit den sozialdemokratischen Arbeitern und dem Reichsbanner noch weiter in die Ferne.

---

330 LASH 301-4695, Der Regierungspräsident in Schleswig vom 18.02.1929; STOLTENBERG, Strömungen, S. 119.
331 Siehe hierzu sowie zum Folgenden: BROWN, Radicals, S. 15f.
332 VOIGT, Arbeiterbewegung, S. 38f.

Ab 1926 fand jedoch sowohl im Reichsbanner als auch im RFB ein sukzessives Umdenken in Bezug auf das Verhältnis zu Gewalt und Militarismus statt. Hauptursache hierfür war einerseits die wachsende Gewaltbereitschaft der rechten Gruppierungen, die bereits im Zuge der Fürstenenteignungskampagne immer selbstbewusster auftraten. In diesem Kontext erlebte auch der Begriff des Faschismus eine Konjunktur, der jedoch keiner einheitlichen Definition unterlegen war, wie im Folgenden noch zu sehen sein wird. Andererseits stieß Deutschlands Beitritt zum Völkerbund auf unterschiedliche Reaktionen aus den Parteien und Organisationen, was sich in einem Wandel in der Rhetorik, insbesondere im kommunistischen Lager, niederschlug.

Zu kleineren Auseinandersetzungen zwischen einzelnen Mitgliedern und kleineren Gruppen kam es bereits, seitdem die Parteien und Gruppierungen der unterschiedlichen politischen Überzeugungen bestanden hatten. Im Zuge der Kampagne um die Fürstenenteignung stieg diese Zahl jedoch stark an. Insbesondere Kommunisten und rechte Gruppierungen trafen dabei wiederholt aufeinander. Das Reichsbanner hingegen versuchte, den Weg der Gewalt zu meiden und bewegte sich meist im legalen Rahmen.[333] Als der Volksentscheid im Juni nicht die notwendigen Stimmen erhielt, war dies nicht nur eine herbe Niederlage für die KPD und die SPD, sondern im gleichen Zug auch ein wirkungsmächtiger Sieg für die rechten Parteien und Gruppierungen, die in der folgenden Zeit dementsprechend selbstbewusst auftraten, denn sie deuteten ihren Sieg als klares Bekenntnis der Bevölkerung zu ihnen und wähnten sich im Aufwind.[334]

Betrachteten sowohl das Reichsbanner als auch der RFB das selbstbewusste Auftreten der rechtsgewandten Organisationen mit gleicher Sorge, bewerteten sie Deutschlands Beitritt zum Völkerbund im September 1926 jeweils grundlegend unterschiedlich.[335] Im Reichsbanner zeigte man sich dem Beitritt

---

333 Auf der Verfassungsfeier des Reichsbanners am 11. August 1926 in Hamburg wies der Hamburger Bürgermeister Dr. Carl Wilhelm Petersen (DDP) die anwesenden Reichsbannerkameraden nochmals auf den gewaltlosen Kampf für die Republik hin. Er mahnte: *Die Freiheit wahren, die in der Verfassung von Weimar jedem einzelnen Volksgenossen gewährleistet ist, das heißt, Ablehnung jeder Gewaltsamkeit im politischen Kampf. Nur ein innerlich befriedetes Volk kann die großen Aufgaben erfüllen, die einem Volksstaat gestellt sind! Helfe ein jeder dazu, Unverstand oder Leidenschaft zu zügeln, wo sie die Grenze verläßt, die das Gesetz zieht! […] Wer sich gewaltsam „erhebt gegen unsre Grundrechte, gegen den steht die Macht des Staates! In: Die Verfassungsfeiern 1926*, in: RBZ-GHBN, Nr. 17 vom 01.09.1926.
334 JUNG, Demokratie, S. 50f.
335 Siehe fortführend zu Deutschlands Beitritt zum Völkerbund sowie zu den vorausgehenden Verträgen von Locarno: WINTZER, Völkerbund, insbesondere S. 524f.

gegenüber positiv. Er wurde als außenpolitischer Meilenstein gefeiert, der für die internationale Stabilität und innenpolitische Beruhigung notwendig war.³³⁶ Die kommunistische Seite deutete Deutschlands Beitritt als einen Schritt hin zum „kapitalistischen" Westen sowie zum Faschismus und gleichzeitig weg von Russland, was einen Krieg zwischen diesen Fronten in der Zukunft wahrscheinlicher machte.³³⁷ Für die KPD und insbesondere den RFB war es daher umso bedeutsamer, *gegen den Faschismus zu arbeiten und das grosse Heer der Proletarier zu klassenbewussten Kämpfern zu erziehen*, wie es im November 1926 auf einer Versammlung in Wandsbek hieß.³³⁸ Damit musste jedoch zunächst eine intensivierte Mobilisierung der Bevölkerung für ihr politisches Programm, welches durch die Parole „*Krieg dem imperialistischen Kriege!*"³³⁹ verdeutlicht wurde, stattfinden.

Die Parole „*Krieg dem imperialistischen Kriege!*" lässt dabei anklingen, welche Entwicklung der RFB in den folgenden Monaten und Jahren durchlaufen würde. Betrachtet man die in partei- und organisationsinternen Schriften und Ansprachen verwendete Rhetorik, ist eine eindeutige Verschärfung zu erkennen.³⁴⁰ Die verwendete Sprache wurde zunehmend gewalttätiger. Szenarien vom unausweichlichen Bürgerkrieg und dem Krieg zwischen Russland und dem kapitalistischen Westen wurden gezeichnet und die kämpferische Opferbereitschaft der Mitglieder beschworen.³⁴¹ So hieß es auf einer Versammlung in Schleswig im März 1927 von einem RFB-Vertreter in diesem Kontext, dass

---

336 *Deutschland im Völkerbund*, in: RBZ Nr. 19 vom 01.10.1926.
337 Vgl. hierzu die Ausführung des Gauvorsitzenden des Bezirks Wasserkante des RFB Edgar André vom 18.11.1926, in der er den Charakter des Völkerbundes, den er als *Reinkultur der Reaktion* betrachtete, als grundsätzlich arbeiterfeindlich bezeichnete. LASH 301-4527, Der Preuss. Polizei-Präsident Altona-Wandsbek in Altona vom 23.11.1926, Versammlungsbericht vom 19.11.1926.
338 Ebd.
339 Die Parole findet sich in diversen Medien von KPD und RFB wieder. Vgl. exemplarisch: LASH 301-4548, Werbebroschüre des RFB vom April 1927.
340 Vgl. exemplarisch: LASH 301-4527, Der Preuss. Polizei-Präsident Altona-Wandsbek in Altona vom 23.11.1926, Versammlungsbericht vom 19.11.1926; LASH 301-4548, Polizeibericht über das „Rote Treffen" am 26. und 27.03.27 in Schleswig vom 28.03.1927.
341 So spricht der Untergauführer Otto Bartels im Dezember 1927 in Kiel davon, dass *in Zukunft [...] keine Strassenpolitik und Demonstrationspolitik mehr zu betreiben* [sei], *sondern es sei mehr praktische Arbeit zu leisten. [...] Der Kampf werde jetzt mit allen Mitteln geführt werden müssen*. LASH 301-4548, Die Polizeiverwaltung II in Flensburg vom 17.12.1927.

Konfliktlinien – Faschismus, Militarisierung und Gewalt

jeder Rotfrontkämpfer dazu bereit sein muss, *für die Revolution voll und ganz einzutreten und wenn es sein muss, auch dafür [zu] sterben.*[342] Ein ähnliches Bild zeichnete der bekannte Kieler Kommunist Wienecke auf einem Roten Tag des RFB in Flensburg, in dem er forderte, dass die bürgerliche Gesellschaft *zertrümmert* werden müsse und dass *abgerechnet* werde, sobald das Proletariat an die Herrschaft käme.[343] Um dieses Ziel zu erreichen sei es notwendig, dass die Kameraden *in offener Feldschlacht, wie im Stellungskrieg, ihren Mann stehen* und kommunistische Agitation im Reichsbanner und in den Gewerkschaften leisten.[344] Es ist unschwer zu erkennen, dass hier versucht wurde, einen gewissen kämpferischen Geist bei den anwesenden Rotfrontkämpfern zu beschwören.

Die rhetorische Verschärfung der verwendeten Sprache scheint ihre Wirkung nicht verfehlt zu haben, da bereits 1927 ein Anstieg an gewaltsamen Auseinandersetzungen zwischen Rotfrontkämpfern und Mitgliedern anderer, hauptsächlich rechtsgewandter Organisationen, sowie der Polizei zu verzeichnen ist.[345] Der Kontakt mit dem Reichsbanner blieb hingegen gleichbleibend unausgeprägt. Zwar bemühte man sich, die Klassengenossen für den gemeinsamen Kampf gegen den Faschismus zu mobilisieren, allerdings fanden die Aufrufe aus dem RFB nahezu ausnahmslos keinerlei Beachtung im Reichsbanner. Dies lag nicht zuletzt daran, dass RFB und Reichsbanner grundlegend unterschiedlicher Auffassung waren, was der Faschismus sei und wie ihm entgegenzutreten war, wie ein Antwortschreiben des Reichsbanners auf einen Aufruf der RFB-Wasserkante verdeutlicht. Dort zeigte man sich über den kommunistischen Kampf gegen den Faschismus außerordentlich verwundert. Immerhin waren sie es doch, die stets als *Wegbereiter des Faschismus* gewirkt hatten und führte weiter aus:

[...] Die deutschen Kommunisten haben seit Bestehen ihrer Bewegung die mühsam gegründete deutsche Demokratie mit den Waffen in der Hand und auch politisch bekämpft, sie haben damit direkt zur Stärkung der faschistischen Kräfte in Deutschland beigetragen. Mit

---

342 Ebd., Polizeibericht über das „rote Treffen" am 26. und 27.03.1927 in Schleswig vom 28.03.1927.
343 LASH 401-4546, Bericht des Polizisten Wilster vom 11.10.1926.
344 Ebd.
345 An dieser Stelle seien exemplarisch die gewaltsame Auseinandersetzung zwischen dem RFB und der Polizei in Reinbek genannt, bei der auf beiden Seiten Fälle schwerer Körperverletzung zu beklagen waren sowie der Überfall eines Jugendkorps in Wandsbek durch den RFB. LASH 301-4547, G.W. Staelin an den Landrat des Kreises Stormarn vom 11.07.1926 sowie LASH 301-4548, Landjägerabteilung Wandsbek vom 07.08.1927. Weitere Berichte finden sich in den genannten Akten sowie in LASH 309-22666.

Lüge und Verleumdung, mit einer Hetze, die weder fachliche noch moralische Grenzen kannte, sind sie den für Demokratie und gegen Faschismus kämpfenden Arbeitern immer wieder in den Rücken gefallen, haben die proletarische Kampfkraft, wo nicht zerschlagen, so doch geschwächt, und haben dem Siegeszug der Reaktion Tür und Tor geöffnet.[346]

Das Erstarken des Faschismus und seine Bekämpfung auf dem Land und in den Städten, war ein sowohl von dem Reichsbanner als auch von dem RFB erklärtes Ziel. Ein Zusammenwirken beider Organisationen konnte jedoch auch er nicht erwirken. Zuvorderst werden es weiterhin die ideologischen Unterschiede gewesen sein, die anfangs primär von Seiten des Reichsbanners eine Zusammenarbeit undenkbar machten. Die Schuldzuweisung des Reichsbanners an den RFB, dass sie den Aufstieg des Faschismus bereitet, während sie im gleichen Zug mit der Waffe in der Hand gegen die Demokratie gekämpft hätten, verdeutlicht auch die unterschiedliche Bewertung und Unvereinbarkeit des eigenen Vorgehens. Für das Reichsbanner waren es die Kommunisten, die durch ihre Art des Vorgehens nicht nur dem Faschismus als Wegbereiter dienten, sondern gleichzeitig auch die agitatorischen Grenzen der demokratischen Ordnung immer wieder überschritten und diese so abtrugen. Doch auch für die Kommunisten erschien ein gemeinsamer Kampf mit dem Reichsbanner gegen den Faschismus mit den Jahren immer schwieriger, da das Reichsbanner, ihrer Meinung nach, einen Rechtsschwenk vollzogen hatte und sich zunehmend zur stärksten Waffe des Faschismus *im Kampfe gegen die revolutionäre Arbeiterschaft* entwickelte.[347] Anstatt auf Kooperation schien der Fokus auf Schuldzuweisungen an die jeweils andere Seite zu liegen.

Die Kombination aus Faschismus- und Kapitalismusbekämpfung, der man sich allein gegenüberstehend sah, ließ im RFB die Notwendigkeit aufkommen, seine Mitglieder militärisch zu schulen, um so für den bevorstehenden Bürgerkrieg vorbereitet zu sein. So mehrten sich bereits ab dem Herbst 1926 die Berichte über Wehrübungen einzelner Ortsgruppen sowie sogenannter „Führerschulen", zu denen vielversprechende junge Mitglieder entsandt wurden, die

---

346 *Die richtige Antwort*, in: Hamburger Echo Nr. 195 vom 17.07.1927. Eine nahezu identische Haltung nahm auch die SPD gegenüber der KPD ein. Vgl. hierzu: BROWN, Radicals, S. 86.

347 LASH 309-22666, Reichskommissar für Überwachung der öffentlichen Ordnung vom 11.10.1928, Anlage: Winterarbeitsplan der Roten Jungfront, S. 7. Weiter heißt es an gleicher Stelle: *Der Hinauswurf der revolutionären Arbeiter aus den Gewerkschaften, das Zusammenarbeiten der staatlichen Organe zur Niederringung der Opposition in den Sportorganisationen [...] beweisen, dass der imperialistische Kurs durch die Reformisten mit faschistischen Methoden in die Arbeiterschaft hineingetragen werden soll.*

Konfliktlinien – Faschismus, Militarisierung und Gewalt 91

dort militärisch und ideologisch im Sinne der KPD ausgebildet wurden.[348] Auch in der RJ wurde noch systematischer als bisher darauf hingearbeitet, die Jugendabteilung zu einer Wehr- und Kampforganisation auszubilden, wie von behördlicher Seite festgestellt wurde.[349] In Schleswig-Holstein sah man insbesondere in den Jugendabteilungen großen Nachholbedarf, da diese große Defizite in ihrer politischen Ausbildung aufwiesen.[350] Dass dies einer Annäherung an den Militarismus, den man stets den faschistischen Organisationen wie dem Stahlhelm oder auch dem Reichsbanner zurechnete, gleichkam, bestritt die RFB-Führung jedoch. Es sei *kein „Roter Militarismus"* [...], *sondern der Geist der proletarischen Wehrhaftigkeit, der auf der Selbstdisziplin aller Mitglieder fusst und den Kadavergehorsam ablehnt.*[351]

Was sich im Laufe des Jahres 1927 bereits in der verschärfenden Rhetorik und dem immer häufiger gewählten Weg der Gewalt erkennen lässt, nahm Ende Januar 1928 erstmals konkrete Formen an. Auf der Gaukonferenz in Neumünster veröffentlichte ein Delegierter der Gauführung Wasserkante nähere Informationen über die bevorstehende *Umstellung* des RFB.[352] Ihm zufolge sollte der RFB in eine *Wehrorganisation, die eine straff disziplinierte Kampforganisation in der Hand der K.P (Sowjetunion) gegen den Imperialismus, die Faschisten und die Sozialdemokraten sei,* umgewandelt werden.[353] Dass der bevorstehende Kampf

---

348 Nicht nur die Bereitschaft zur, sondern auch das außergewöhnlich brutale Maß an Gewalt im RFB äußerte sich eindrucksvoll in einem Zusammenstoß mit einem unpolitischen Reiterverein in Niendorf/Stecknitz, dem keinerlei erkennbare Provokation bzw. Veranlassung von diesem vorausgegangen war. Neben mehreren Verletzten war auch ein getötetes Pferd zu beklagen. LASH 301-4528, Der Landrat in St. Georgsberg vom 19.04.1927. Vgl. exemplarisch zu den Führerschulen: LASH 301-4547, Landj. Abt. Groß-Flottbek, Kreis Pinneberg vom 23.08.1926 und zu dem verstärkten Aufkommen der militärischen Übungen: LASH 301-4529, Der Landrat in Pinneberg vom 08.08.1927 sowie SAPMO-BA, R 1501/125668j, Der Reichsminister des Innern vom 29.03.1927.
349 LASH 309-22666, Der Reichskommissar für Überwachung der öffentlichen Ordnung in Berlin vom 11.10.1928.
350 Vgl. dazu: LASH 301-4548, Reichskommissar für Überwachung der öffentlichen Ordnung vom 02.06.1927, Anlage 1: Einleitung der „Richtlinien für die Sommerarbeit der Roten Jungfront 1927" sowie LASH 309-22666, Der Reichskommissar für Überwachung der öffentlichen Ordnung in Berlin vom 11.10.1928.
351 LASH 309-22666, Der Reichskommissar für Überwachung der öffentlichen Ordnung in Berlin vom 11.10.1928.
352 LASH 301-4548, Die Polizeiverwaltung II in Flensburg vom 07.02.1928.
353 Ebd.

gegen die anderen Bewegungen den legalen Rahmen mitunter überschreiten würde, war von der RFB-Führung wohlwissend in Kauf genommen worden. So hieß es bereits im Vorfeld des Verbots von Veranstaltungen der KPD und des RFB in Hamburg im August 1927[354], dass man davon ausgehen müsse, dass der RFB in Schleswig-Holstein bald verboten werden würde und man damit beginnen müsse, die Arbeit auf *Illegalität* umzustellen.[355]

Dass die Rote Armee zur gleichen Zeit ihr zehnjähriges Bestehen feierte, war den Funktionären in KPD und RFB wohl ein willkommener Zufall, ließ sich die Geschichte und Bedeutung der Rotarmisten doch ganz in ihrem Sinne für ihren Zweck instrumentalisieren. So diente die Rote Armee im Frühjahr 1928 als glorifiziertes Paradebeispiel, auf das der RFB mit *Stolz und Bewunderung* blickte und als Richtschnur für die geplante militärische Umstellung diente.[356] In Anlehnung an das, was die Rote Armee der Sowjetunion war, sollte der RFB in Zukunft für die Arbeiterschaft und die Partei im Deutschen Reich sein, nämlich *die Schutz- und Abwehrorganisation des Proletariats im Kampfe gegen den imperialistischen Krieg und gegen den Faschismus*.[357] Gleichzeitig galt es, sich durch eine *allgemeine militärische Vorausbildung* kampfbereit zu machen, um den Rotarmisten als Reserve- bzw. Unterstützungstruppe dienen zu können, sollte es zum Krieg mit den Westmächten kommen.[358]

Wie schon der RFB nahm auch das Reichsbanner eine gesteigerte Gewaltbereitschaft ab dem Jahr 1926 und Deutschlands Beitritt zum Völkerbund wahr. Auch blieben ihm der zunehmend rauere Ton in der kommunistischen Presse und die anlaufende Umstellung des RFB nicht verborgen. Das Misstrauen gegenüber den rechten Wehrverbänden sowie dem RFB wurde im Reichsbanner noch weiter verstärkt, als im Dezember 1926 Papiere zu geheimen Machenschaften der Reichswehr offengelegt wurden. Diese enthielten Hinweise darauf, dass die Reichswehr mit rechten Wehrverbänden sowie der Sowjetunion zusammenarbeitete.[359] Die Reichsbannerführung um Otto Hörsing regte daher die Intensivierung des Kleinkaliberschießens an, um so ein Mindestmaß an Wehr- und Einsatzfähigkeit vorweisen zu können, sollte es zu einem Putschversuch

---

354 Ebd., Die Polizeibehörde Hamburg vom 26.08.1927.
355 LASH 320.8-960, Der Regierungspräsident in Schleswig vom 16.08.1927; LASH 301-4548, Reichskommissar für Überwachung der öffentlichen Ordnung vom 27.01.1928.
356 LASH 301-4548, Bundesführung des RFB, „10 Jahre Rote Armee" S. 8 von Anfang Februar 1928.
357 Ebd.
358 Ebd.
359 WINKLER, Normalität, S. 298f. sowie S. 437.

Konfliktlinien – Faschismus, Militarisierung und Gewalt 93

kommen.[360] In der Folge wurde das *Reichskartell Republik, Bund der Kleinkaliber-Schützenvereine* gebildet, das mit der Organisation des Sportschießens betraut wurde.[361]

Die hervorgebrachten Argumente des radikalpazifistischen Flügels im Reichsbanner, dass dies einer unnötigen Militarisierung gleichzusetzen sei, wurden mit dem Verweis auf den sportlichen Aspekt des Schießens und die bereits vorangeschrittene politische Radikalisierung im Reich abgeschmettert.[362] Auch in Schleswig-Holstein stieß Hörsings Plan auf Widerstand. So kritisiert die Reichsbanner-Ortsgruppe Husum die Idee scharf und schreibt: *Das Kleinkaliberschießen hat mit Sport nicht das Geringste zu tun. Es ist lediglich ein Wettrüsten für einen Bürgerkrieg, den wir nicht haben wollen.*[363] Und auch die sozialdemokratische Schleswig-Holsteinische Volkszeitung lehnte eine Bewaffnung des Reichsbanners *selbstverständlich* ab.[364] Während einige Ortsgruppen sich dem Wettrüsten für einen Bürgerkrieg verwehrten, sahen andere in den Entwicklungen der vergangenen Monate die Notwendigkeit zur Vorbereitung, für wieder andere war der Schießsport lediglich ein willkommenes Freizeitangebot, das man den Mitgliedern vor Ort anbieten konnte und den Gemeinschaftsgeist stärken sollte.[365]

So wird auch bei den zahlreichen körperlichen Übungen im Feld, die von der Reichsbannerpresse meist als friedvolle *Geländespiele*[366], manchmal jedoch auch als *Kampfspiele*[367] bezeichnet wurden, die Absicht einer – zumindest bis zu einem gewissen Grad – militärischen Ausbildung bestanden haben. Dass diese

---

360 ELSBACH, Reichsbanner, S. 198.
361 LASH 384.1-19, Die Gauleitung des Reichsbanners Schleswig-Holstein vom 24.11.1926. Vereine des Kleinkaliber- und Sportschießens waren zu diesem Zeitpunkt keine Seltenheit in Schleswig-Holstein. Sie zählten bereits viele Mitglieder und waren meist völlig unpolitisch organisiert. Vgl. hierzu diverse Gründungsschreiben und Mitgliederlisten der Vereine in Schleswig-Holstein in: LASH 301-4515.
362 ELSBACH, Reichsbanner, S. 198f.
363 LASH 384.1-19, Reichsbanner Schwarz-Rot-Gold, Ortsgruppe Husum vom 30.12.1926.
364 *Reichsbanner und Kleinkaliber*, in: SHVZ Nr. 172 vom 27.06.1926.
365 Das Kleinkaliberschießen wurde stets im Rahmen eines Freizeitangebots angeboten, sodass der Charakter einer militärischen Ausbildung geringgehalten wurde. Zahlreiche Preis- und Wettkampfschießen, wie das in Kiel im Sommerhalbjahr 1931, belegen den Freizeitcharakter deutlich. SAPMO-BA, R 1501/20177, *Bekanntmachung des K.K.S. Post-Sportverein Kiel*, in: Der Kleinkaliber-Schießsport Nr. 8 vom 20.04.1931.
366 *Novemberliches Geländespiel*, in: RBZ-GHBN Nr. 23 vom 01.12.1927.
367 *Republikanisches Nordmarktreffen*, in: RBZ-GHBN Nr. 15 vom 01.08.1927.

Einschätzung keineswegs haltlos ist, belegt ein Bericht, der dem Reichskommissariat für die Überwachung der öffentlichen Ordnung vorgelegt wurde, bei dem Bedenken über die Rechtmäßigkeit einer *militärischen Übung* des Reichsbanners in Altona geäußert wurden.[368] Wichtig zu erwähnen ist jedoch, dass der militärische Charakter dieser Übungen zwischen den einzelnen Ortsgruppen mitunter große Unterschiede aufwies, da es jedem Gruppenführer selbst oblag, die Übungen auszugestalten und zu leiten.[369] Die unterschiedlichen Reaktionen der Ortsgruppen auf den von der Bundesführung geforderten Schritt in Richtung einer, zumindest partiellen, Militarisierung zeigen hier deutlich, dass das Reichsbanner in Schleswig-Holstein keinesfalls geeint hinter der Idee einer Militarisierung der eigenen Organisation stand.[370]

Die Entwicklungen, die im Reichsbanner und RFB erfolgten, führten logischerweise dazu, dass man sich einer gegenseitigen Neubewertung unterzog. Im Reichsbanner traf das immer brutalere Auftreten und die kriegerische Rhetorik des RFB auf vollständige Ablehnung und bestätigte die bereits eingenommene Haltung, dass der Frieden und die Republik durch den RFB von links im gleichen Maße bedroht wurde wie durch die Gefahr von den rechtsgewandten Organisationen.[371]

---

368 SAPMO-BA, R 1501/125668j, Der Reichsminister des Innern vom 29.03.1927.

369 Dass die Planung und Durchführung der Übungen nicht immer sinnvoll und zufriedenstellend waren belegt der Bericht über das *Seeräuberspiel*, welches auf dem Republikanischen Nordmarktreffen in Flensburg im Juli 1927 erstmals durchgeführt wurde und von der RBZ als *höchst eigenartig* und nicht ausreichend durchdacht bezeichnet wurde. In: *Republikanisches Nordmarktreffen*, in: RBZ-GHBN Nr. 15 vom 01.08.1927.

370 Dass die Entwicklungen innerhalb des Reichsbanners bei Teilen der Mitglieder Ablehnung oder zumindest Unverständnis hervorrief, verdeutlicht eine Rede des Reichsbannermitgliedes und Reichstagsabgeordneten Schiller auf einem „Republikanischen Abend" in Wandsbek, in der er die anwesenden Republikaner dazu ermahnt *auf der Wacht zu sein und nicht zu resignieren, wenn auch der Weg der Entwicklung nicht gerade zum Ziel, sondern in Krümmungen und Bogen, häufig scheinbar rückwärts durch unsre Zeit führt*. In: *Aus den Ortsvereinen*, in: RBZ-GHBN Nr. 9 vom 01.05.1927.

371 Vgl. hierzu erneut die Antwort des Reichsbanners auf eine Aufforderung des RFB-Wasserkante zur Zusammenarbeit in: *Die richtige Antwort*, in: Hamburger Echo Nr. 195 vom 17.07.1927. Wenngleich Klaus Schönhoven sich in der folgenden Ausführung auf die KPD und SPD bezieht, fasst sie auch auf das Verhältnis vom RFB zum Reichsbanner treffend zusammen: „Allein schon die Gewaltpropaganda, die den Sprachgebrauch der KPD prägte und jeden Respekt vor Andersdenkenden vermissen ließ, hätte ausgereicht, um die Kluft zur SPD zu vertiefen. Da die Partei den Radikalismus aber nicht nur predigte, sondern auch einen militanten Aktionismus

Auch von Seiten des RFB ist eine Entfernung vom Reichsbanner zu verzeichnen. Zwar agierte man offiziell noch mit dem Ziel zur Schaffung einer Einheitsfront mit den sozialdemokratischen Arbeitern und dem Reichsbanner, faktisch rückte der proletarische Schulterschluss jedoch zunehmend in den Hintergrund.[372] So heißt es im Arbeitsplan für den Gau Wasserkante für den August 1928, dass es die Sozialdemokratie sei, die für die Gefahr eines imperialistischen Krieges die *aktivste Rolle* spiele und deren Bekämpfung die größte Aufmerksamkeit gewidmet werden müsse.[373] Gleiches galt für das Reichsbanner, das als *Wegbereiter, Propagandist und Einpeitscher der imperialistischen Kriegsideologie* fungiert hatte.[374] Zudem stand es *im Solde des Kapitals*, da es mit dem Zentrum, *dem treusten Werkzeuge des Kapitalismus* zusammenarbeitete, wie ein RFB-Funktionär auf einem Untergautreffen im April 1928 in Flensburg behauptete.[375] Das Reichsbanner sah man von nun an auf derselben Ebene wie die anderen bürgerlichen, rechtsgerichteten Wehrverbände. Es ist schwer vorstellbar, dass ein aufrichtiges Interesse an einem proletarischen Schulterschluss im RFB bestanden hat.

Der Anlass für die Neubewertung des Reichsbanners ist einerseits offenkundig politisch begründet. In Bezug auf Schleswig-Holstein erscheinen jedoch noch weitere Faktoren eine nicht zu vernachlässigende Rolle gespielt zu haben. Die Stimmung im RFB-Wasserkante kann ohne Weiteres als frustriert bezeichnet werden, betrachtet man die weiter oben bereits dargestellte prekäre Lage der Organisation. Weder die Schaffung von verlässlichen Strukturen noch die koordinierte Arbeit in der Bevölkerung war in den Jahren seit der Gründung erfolgreich gewesen. Hinzu kamen die kategorischen Absagen des Reichsbanners, der jeglichen Bemühungen der Rotfrontkämpfer keinerlei Beachtung

---

praktizierte, entfernte sie sich immer weiter von der legalistischen Vorstellungswelt der SPD." SCHÖNHOVEN, Strategie, S. 317.
372 Vgl. den Arbeitsplan der RJ, in dem es primär darum ging, das Reichsbanner durch *Gegnerarbeit* zu schwächen. Das Ziel einer Zusammenarbeit wird in dem siebenseitigen Papier nicht in einer Zeile erwähnt. LASH 301-4548, Reichskommissar für Überwachung der öffentlichen Ordnung vom 19.01.1928, Anlage 1: Arbeitsplan der Bundesführung zum Märzaufgebot der Roten Jungfront vom 11.–18.03.1928. von Anfang Januar 1928.
373 LASH 301-4545, Reichskommissar für Überwachung der öffentlichen Ordnung vom 25.07.1928, Anlage 1: Arbeitsplan für die antimilitärische Woche der Roten Jungfront v. 4.–12. Aug.
374 Ebd.
375 LASH 301-4548, Die Polizeiverwaltung II in Flensburg vom 18.04.1928.

entgegenbrachte. Es ist daher durchaus anzunehmen, dass die Hoffnung im RFB auf die Schaffung einer Einheitsfront mit den Jahren verloren gegangen ist. Die Aussichtslosigkeit auf eine Einheitsfront würde auch die aufgezwungene Zurückhaltung obsolet machen, was wiederum den starken Anstieg an gewaltsamen Auseinandersetzungen begünstigen würde. Auch die Reichstagswahlen 1928, aus den die SPD als Sieger hervorgegangen war, wird auf Seiten der Kommunisten dazu geführt haben, dass diese sich von den sozialdemokratischen Republikanern entfernten, da man nun nicht mehr „gemeinsam" in der Opposition agierte.[376]

Bemerkenswerterweise zeigte sich die gewachsene Kluft zwischen dem RFB und dem Reichsbanner nicht im gleichen Maß auf den Straßen, wie es die Organisations- bzw. Parteipresse vermuten lassen würde. Zeichnete man in der Presse und auf Versammlungen stets ein Bild größter Feindschaft, spiegelte sich dies nicht annähernd im selben Maße in den gewaltsamen Auseinandersetzungen auf den Straßen wider.[377] Stattdessen waren es hauptsächlich Kämpfe mit den rechtsgewandten Organisationen. Zu gewaltsamen Ausschreitungen zwischen Stahlhelmern und Reichsbannermitgliedern kam es schon sehr bald nach der Formierung des Reichsbanners in Schleswig-Holstein.[378] Mit dem Aufstieg der NSDAP und der SA lösten sie den Stahlhelm bald als Hauptgegner ab. Anders in Hamburg, wo die Kommunisten einen weitaus größeren Rückhalt genossen. Dort kam es regelmäßig zu größeren und kleineren Auseinandersetzungen zwischen Republikanern und Kommunisten.[379]

---

376 FALTER/LINDENBERGER/SCHUMANN, Wahlen, S. 71. Auch die Landtagswahl in Schleswig-Holstein gewann die SPD. Mit 35,3 % der Stimmen löste sie die DNVP mit 23 % der Stimmen als stärkste Kraft ab. Die KPD erhielt 7,9 % der Stimmen.
377 KOPITZSCH, Gewalttaten, S. 25.
378 Exemplarisch genannt seien hier ein Überfall auf einer deutschnationalen Veranstaltung durch Reichsbannerleute im Juli und eine Massenschlägerei in Kiel im Dezember 1924, die durch Provokationen von Stahlhelmern ausgelöst worden war und bei der mehrere Personen beider Lager schwer verletzt wurden. *Anfrage wegen des „Reichsbanner Schwarz-Rot-Gold",* in: Apenrader Blatt Nr. 173 vom 29.07.1924; MÖLLER, Küstenregion, S. 288.
379 Vgl. hierzu exemplarisch die Auseinandersetzungen im Zuge einer kommunistischen Demonstration, bei der ein Reichsbannermann erschossen wurde. Siehe hierzu die Artikel *Blutiger Himmelfahrtstag,* in: RBZ Nr. 16 vom 03.06.1928 sowie *Hamburger Kommunisten,* in: RBZ Nr. 22 vom 15.07.1928. Eine weitere Auseinandersetzung zwischen Reichsbannerleuten und dem RFB gab es auf dem Hamburger Gewerkschaftskongress im September 1928. In: *Mit Fäusten, Messern und Lügen,* in: RBZ Nr. 31 vom 16.09.1928.

Zur größten gewaltsamen Auseinandersetzung zwischen dem RFB und dem Reichsbanner kam es kurz hinter der Grenze zu Hamburg am 30. September 1928 in Geesthacht, das neben Hamburg eine kommunistische Hochburg im Bezirk Wasserkante war.[380] Dort mussten Neuwahlen der Stadtvertretung stattfinden, nachdem 13 Bürgervertreter der KPD und der SPD zuvor aus dieser ausgeschieden waren. Im Zuge des Wahlkampfes hatte die KPD gemeinsam mit etwa 400–500 Rotfrontkämpfern aus den umliegenden Regionen am Vorabend der Wahl einen Demonstrationszug durch Geesthacht geplant, der ohne besondere Vorkommnisse verlief. Am Wahltag kamen zusätzlich noch etwa 1.500 Reichsbannerleute sowie Mitglieder der Roten Marine in die Stadt, sodass die beiden Lager in großer Zahl vor Ort waren. Am frühen Nachmittag kam es dann zu mehreren gewaltsamen Aufeinandertreffen im Stadtinneren sowie am Stadtrand von Geesthacht, sodass es am Ende des Tages vier Schwerverletzte und etwa 40 Leichtverletzte auf beiden Seiten zu verbuchen gab. Ein Rotfrontkämpfer starb durch einen Brustschuss. Welche Seite als Aggressor aufgetreten war, ist im Nachhinein nicht festzustellen.[381] In der hauseigenen Presse wies man die Schuld jedoch offensichtlich dem gegnerischen Lager zu.[382]

Obgleich sich sowohl Reichsbanner als auch RFB auf dem Papier gegen eine Militarisierung jeglicher Art aussprachen, war die Realität Ende 1928 eine andere. Dass diese Entwicklung stets mit dem Verweis auf seine Notwendigkeit in Anbetracht der politischen Entwicklungen stattfand, verdeutlicht dabei lediglich den idealistischen Kern, der nicht mit dem realpolitischen Geschehen zu vereinbaren war. So wichen beide Organisationen, wenngleich in unterschiedlichem Maße, von ihrer anfänglichen antimilitaristischen Grundhaltung ab. Dass diese Militarisierung auch mit einer gestiegenen Gewaltbereitschaft einherging, zeigte sich nicht zuletzt, jedoch am eindrucksvollsten, an den Ausschreitungen in Geesthacht im September 1928. Mit dem Wissen um die politische Entwicklung

---

380 In den Jahren 1921 bis 1933 erhielt in Geesthacht die KPD stets die meisten Stimmen. Die kommunistische Dominanz brachte der Stadt daraufhin den Spitznamen „Klein-Moskau" ein. Siehe hierzu sowie fortführend zur Geschichte Geesthachts in der Weimarer Republik: MENAPACE, „Klein-Moskau".
381 Vgl. hierzu sowie ausführlich zur Auseinandersetzung der KPD und der SPD in Geesthacht: BLANDOW, Gewalt, hier: S. 220f.
382 Während man auf Seiten des Reichsbanners von *kommunistischer Blutschuld* und *kommunistischem Terror* schrieb, sah die Hamburger Volkszeitung die alleinige Schuld beim Reichsbanner. Die KPD verbreitete zudem Flugblätter mit dem Titel: *Mord in Geesthacht, Blutiger Wahlterror des Reichsbanner-Rollkommandos.* Vgl. dazu ebd., S. 224 sowie das dort abgedruckte Flugblatt auf S. 227.

der kommenden Jahre ab 1929 erscheinen sie wie ein Auftakt in die letzte Phase der Weimarer Republik, die von außerordentlicher Gewalt geprägt war.

4.5 Zwischenfazit: Reichsbanner und RFB zwischen Konkurrenz, Kooperation und Konflikt

In den Jahren 1924 bis 1928 befand sich nicht nur die Weimarer Republik, sondern auch das Verhältnis zwischen dem Reichsbanner und dem RFB in einer Phase der relativen Stabilität. Jedoch war es in Bezug auf Letztere lediglich insofern stabil, als dass sich die grundlegenden Positionen kaum veränderten. Das Reichsbanner lehnte den RFB seit dessen Gründung ab und ließ auch keinerlei Zusammenarbeit zu, auch wenn es grundsätzlich gemeinsame Schnittmengen gab, wie bei der Kampagne zur Fürstenenteignung oder dem prinzipiellen Kampf gegen den Faschismus zu sehen war. Der RFB hingegen bemühte sich zwar stets um eine oberflächliche Zusammenarbeit, um so ihrem Ziel, der Schaffung einer Einheitsfront, entgegenzuarbeiten, resignierte letzten Endes jedoch. Zu groß war der Frust über die kategorische Ablehnung durch das Reichsbanner, zu gering die eigenen Erfolge der geleisteten Arbeit in der Provinz. Auch die Versuche des RFB, sich als ernsthafte Konkurrenz für das Reichsbanner in Schleswig-Holstein zu etablieren, scheiterten nicht zuletzt aufgrund der ungenügenden Strukturen und gelangen lediglich in Ansätzen und auf stark begrenzter lokaler Ebene. Die internen Entwicklungen, die beide Organisationen mit der Zeit vollzogen, verstärkten eine Entfremdung voneinander noch weiter, da man nicht auf Augenhöhe agieren konnte, sodass sich auch der RFB bis 1929 zunehmend von der Idee einer Zusammenarbeit mit dem Reichsbanner löste.

Die Gewaltbereitschaft, die im RFB wesentlich höher war als im Reichsbanner, verhärtete die bereits geschaffenen Fronten noch weiter. Während die zunehmende Gewalt dem Reichsbanner nur eine weitere Bestätigung für den wahren Charakter des RFB war, war sie für diesen der scheinbar notwendige Schritt gegen die immer selbstbewusster und brutaler auftretenden rechtsgewandten Organisationen. Dass man sich auf Seiten des Reichsbanners grundsätzlich gegen ein gewaltsames Vorgehen entschied, war für den RFB hingegen der eindeutige Beleg dafür, dass das Reichsbanner selbst ein Teil des Faschismus sei. Diese Annahme wurde mit der „Sozialfaschismusthese", die ab 1929 die politische Marschrichtung der Kommunisten vorgeben sollte, schließlich auch der Grundstein für eine Neuausrichtung innerhalb der KPD und des RFB.

5. 1929–1933: Reichsbanner und RFB im Zeitabschnitt der „großen Krise" der Weimarer Republik

Abstract: This chapter will analyse the relationship between the *Reichsbanner* and the *RFB* during the "Great Crisis" from 1929 until 1933 of the Weimar Republic. In the wake of the adaption of the *Sozialfaschismusthese* (social fascism thesis) by the Comintern the *RFB* turned away from the idea of a united front with the *Reichsbanner*, and, instead, proclaimed them their archenemy. The consequences where not as significant as the *RFB* was officially banned by the German government shortly thereafter. As a result of the ban the *RFB* tried to operate from the underground and through a series of newly formed, unofficial, successor groups – yet without any significant success. This left the *Reichsbanner* standalone against the *Sturmabteilung* (Storm Division) of the *NSDAP* (National Socialist German Workers' Party). These two political bodies became increasingly violent. In the end the *Reichsbanner* found itself in a spiral of violence, with daily altercations with the *Sturmabteilung*. Ultimately this chapter ends with the Nazi's rise to power in 1932 which led to the ban of the *Reichsbanner* shortly after.

5.1 Der offene Bruch – die Sozialfaschismusthese

1929 vollzog die KPD einen Kurswechsel in Bezug auf ihr Verhältnis zur Sozialdemokratie. Der Kurs der Einheitsfront wurde zwar fortgesetzt, jedoch um die Sozialfaschismusthese ergänzt. Im Kern bedeutete dies, dass die KPD nun die Sozialdemokratie zu ihrem Hauptfeind deklariert hatte – noch vor den Faschisten am rechten Rand des politischen Spektrums. Grund hierfür war die Annahme, dass die Sozialdemokraten sozialfaschistische Politik betreiben würden und so als Schutzschild des Kapitalismus agierten.[383] Als Partei, die im Kern eine „Partei des Finanzkapitals" sei, täusche sie ihrer Wählerschaft, die zu großen Teilen aus der Arbeiterschaft stammte, lediglich vor, in ihrem Sinne zu handeln und bahne so „unter dem Deckmantel der sogenannten ‚reinen Demokratie' den Weg der faschistischen Diktatur."[384]

Die Sozialfaschismusthese war jedoch keine Idee, die erst 1929 aufgekommen war. Bereits 1924 stellte Stalin die These von der Zwillingsbrüderschaft von Faschismus und Sozialdemokratie, die ohne gegenseitige Hilfe keinen Erfolg

---

383 Siehe hierzu sowie ausführlich zum Sozialfaschismus: SAAGE, Faschismus, hierzu: S. 34.
384 BAHNE, Sozialfaschismus, S. 234.

haben können, auf: *Der Faschismus ist eine Kampforganisation der Bourgeoisie, die sich auf die aktive Unterstützung der Sozialdemokratie stützt. Die Sozialdemokratie ist objektiv der gemäßigte Flügel des Faschismus. [...] Diese Organisationen schließen einander nicht aus, sondern ergänzen einander. Das sind keine Antipoden, sondern Zwillingsbrüder.*[385] Ab etwa 1927 fanden die Vertreter der These vom Sozialfaschismus in zunehmendem Maße Gehör innerhalb der Komintern.[386] Dies war einerseits auf die sich verschlechternde innen- und außenpolitische Lage Russlands zurückzuführen, das einen Aufruhr im eigenen Land – unter Führung der Sozialdemokraten – verhindern wollte.[387] Andererseits sah man in der beginnenden Weltwirtschaftskrise den „Beginn der letzten Etappe des ‚sterbenden' Kapitalismus".[388] Diesen Moment galt es nun zu nutzen und hart gegen seine Verteidiger, allen voran gegen die Sozialdemokraten, vorzugehen. In Deutschland stieß die Kursänderung auf fruchtbaren Boden, befand sich die KPD seit längerem in keiner guten Verfassung, während sich die Sozialdemokraten hingegen in den letzten Monaten im Aufwind befanden. Die Folge war eine Wendung zu einer ultralinken Taktik, die mit einer scharfen Frontstellung gegen die Sozialdemokratie einherging.[389]

Auch in Bezug auf das Reichsbanner fand der Begriff des Sozialfaschismus Anwendung, jedoch war er hier stärker vom Begriff des Faschismus geprägt als bei der kommunistischen Agitation gegen die SPD, bei der die Idee des Klassenverrates dominierte.[390] Bereits mit seiner Gründung wurde das Reichsbanner mit Adjektiven wie „reaktionär" oder „kapitalistisch" abgewertet und im Kern als arbeiterfeindlich dargestellt.[391] Mit dem Aufkommen der Sozialfaschismusthese bekamen diese noch eine weitere Dimension, da sich das Reichsbanner in den letzten Jahren zunehmend unter die Hauptträgerschaft der SPD stellte und auch die überwiegende Mehrheit der Mitglieder der SPD-Wählerschaft angehörte. In der Folge ist es den Kommunisten umso leichter gefallen, das Reichsbanner als Schutztruppe der sozialdemokratischen Regierung darzustellen.[392]

---

385 STALIN, Werke, S. 253.
386 BAHNE, Sozialfaschismus, S. 229f.
387 Ebd., S. 231f.
388 SAAGE, Faschismus, S. 34.
389 BAHNE, Sozialfaschismus, S. 231.
390 ELSBACH, Reichsbanner, S. 300.
391 Ebd., S. 301.
392 Vgl. exemplarisch den Vorwurf der Kommunisten, dass das Reichsbanner auf Anweisung der Regierung gegen kommunistische Veranstaltungen handele: *Bei Aufmärschen der revolutionären Arbeiterschaft enthüllen die sozialfaschistischen Führer ihre*

Dass diese Darstellungen nicht aus der Luft gegriffen waren und eine gewisse Wahrheit besaßen, legt der Umstand nahe, dass die Sozialdemokraten seit dem Bestehen der Republik die Regierung in Preußen stellten und auch die Polizeipräsidien der größeren Städte oftmals in sozialdemokratischer Hand lagen.[393]
Im Deutschen Reich vollzog sich der Kurswechsel der KPD zunächst zögerlich. Erst im Zuge der blutigen Auseinandersetzung zwischen der Polizei und Demonstranten der KPD vom 1. bis zum 3. Mai 1929 in Berlin, bei denen 25 Zivilisten getötet und 36 schwer verletzt wurden, setzte sich die Sozialfaschismusthese vollends durch.[394] Die Kommunisten gaben die Schuld für die blutigen Auseinandersetzungen dem sozialdemokratischen Polizeipräsidenten Berlins, Karl Zörgiebel. Dieser soll die „Mai-Unruhen" bewusst herbeigeführt haben.[395] Der sogenannte „Blutmai" markierte gleichzeitig auch den Eintritt der Weimarer Republik in eine Phase der Gewalt – die sogenannte Phase der großen Krise der Weimarer Republik.[396]

5.2 Zwischen Illegalität und Fortsetzung – das RFB-Verbot 1929

Das Damoklesschwert des Organisationsverbotes, welches man innerhalb des RFB bereits seit geraumer Zeit über sich schweben wähnte, fiel letzten Endes wenige Tage vor dem großen Pfingstaufmarsch am 3. Mai 1929. Als Reaktion auf die Geschehnisse des Blutmais wurde der RFB in Preußen verboten.[397] In Schleswig-Holstein wird das Verbot mit einem hoffnungsvollen Aufatmen verbunden gewesen sein, da sich die gewaltsamen Auseinandersetzungen in der Provinz bereits seit Monaten gemehrt und brutalisiert hatten. Zusätzlich zu den Auseinandersetzungen der etablierten Parteien und ihren Organisationen hatte ab November 1928 auch die Landvolkbewegung mit Bombenattentaten die

---

reaktionäre Politik. Sozialdemokratische Polizeipräsidenten, sozialdemokratische Reichsbannerführer erlassen gemeinsam Alarmierungsbefehle an Polizei- und Reichsbannerabteilungen. Durch systematische Ausbildung von Spitzeln und Provokateuren, durch Ausübung des schäbigen Handwerks bei Massenaufmärschen des Proletariats wird der Anlaß zum blutigen Dreinschlagen provoziert. In: Her zu uns! Faschisten terrorisieren – Arbeiter marschieren!, in: Rote Arbeiterwehr Nr. 1 vom September 1929.
393 SCHUSTER, Frontkämpferbund, S. 201.
394 FLECHTHEIM, KPD, S. 202; SCHUSTER, Frontkämpferbund, S. 219.
395 BAHNE, Sozialfaschismus, S. 233.
396 FLECHTHEIM, KPD, S. 197.
397 Ebd., S. 202.

politische Lage in Schleswig-Holstein weiter angespannt.[398] Als es am 8. März 1929 zur „Blutnacht von Wöhrden" kam, bei der es zu einer blutigen Auseinandersetzung zwischen Anhängern der KPD und der NSDAP mit vielen Verletzten und drei Todesopfern gekommen war, reagierte Oberpräsident Kürbis und erließ am 9. März ein Umzugsverbot.[399]

Sowohl die Ereignisse in Berlin im Mai als auch die Ausschreitungen in Wöhrden im März und die Bombenanschläge seit Ende 1928 verdeutlichen eindrucksvoll die gesteigerte Gewaltbereitschaft innerhalb der politischen Organisationen. Auch im Reichsbanner offenbarte sich die vorangegangene Militarisierung und Bereitschaft zur Gewalt, als im Juni 1929 Berichte über einen geheimen Kleinkaliberschießstand mitsamt Waffen- und Munitionslager des Reichsbanners im Keller eines Wohnhauses in Wandsbek publik wurden.[400]

Die offizielle Auflösung des RFB infolge des Verbotes begann in Schleswig-Holstein bereits nach wenigen Tagen.[401] Da es sich dabei lediglich um einen behördlichen Akt mit einem begrenzten realen Effekt handelte, ließe dies bereits die Vorbereitungen des RFB auf die Umstellung seiner Arbeit in der Illegalität in den vorherigen Monaten erahnen. Dementsprechend vorbereitet zeigten sich die meisten Ortsgruppen auf die Durchsuchungen und Beschlagnahmungen durch die Behörden, indem sie ihre internen Materialien bereits vernichtet hatten.[402] Ein weiterer Beleg für die nur begrenzte Wirkung des Verbots waren die zahlreichen Roten Frontkämpfer auf diversen kommunistischen Demonstrationen und Aktionen, die an diesen in kompletter Uniform teilnahmen.[403]

---

398 Otto-Morris, Bauer, S. 61.
399 LASH 301-4549, Polizeihauptwachmeister Voß vom 16.03.1929. Die „Blutnacht von Wöhrden" erregte nicht nur aufgrund seines tödlichen Ausgangs große Aufmerksamkeit, sondern auch, weil Adolf Hitler zur Beerdigung der zwei getöteten NSDAP-Mitglieder nach Dithmarschen gereist war. Siehe hierzu den Polizeibericht über die Beisetzung in Albersdorf in: Stoltenberg, Strömungen, S. 207f.
400 LASH 309-22750, Der Polizeipräsident Altona-Wandsbek vom 29.06.1929.
401 Exemplarisch: LASH 301-4549, Funkspruch Nr. 649/3 aus Altona vom 07.05.1929.
402 Ebd., Der Regierungspräsident vom 24.05.1929.
403 Noch Ende September war es der schleswig-holsteinischen Regierung nicht gelungen, das RFB-Verbot vollends durchzusetzen, wie ein Zusammenstoß von Kommunisten und Nationalsozialisten in Neumünster eindrucksvoll beweist. Dort hatten sich die Kommunisten zu einer Gegendemonstration zu der einberufenen Versammlung der Nationalsozialisten zusammengefunden. Unter den Teilnehmern befand sich auch eine große Anzahl uniformierter Rotfrontkämpfer aus der umliegenden Region, die, von der Polizei unbehelligt, mitmarschierten. Als die Demonstration beendet war, stürmten die Kommunisten die nationalsozialistische Veranstaltung, verletzten

Zwischen Illegalität und Fortsetzung – das RFB-Verbot 1929

Auf mehreren Demonstrationen, unter anderem in Billstedt am 15. Juni, fanden sich zudem Transparente mit der Aufschrift *Rot Front trotz alledem!*[404] Auf dieser Demonstration, die sich gegen einen Kommers des Reichsbanners richtete, kam es im Laufe des Abends zu gewaltsamen Auseinandersetzungen mit mehreren Verletzten.[405] Auch kam es nach nur kurzer Zeit zu Neugründungen einzelner Ortsgruppen unter anderem Namen. In Kiel wurde bereits Ende Mai der „Rote Marine-Verein Reichpietsch-Köbes" als direkte Nachfolgeorganisation der Roten Marine gegründet.[406] Im August erfolgte die Gründung des „Norddeutschen Arbeiterschutz Bundes" (NASB) – ebenfalls in Kiel.[407] Weitere Gründungen in Altona, Itzehoe, Heide und Flensburg erfolgten nur kurze Zeit darauf.[408] Dass es sich beim NASB um eine direkte Nachfolgeorganisation des RFB handelte, blieb auch den Behörden nicht lange verborgen. Bereits im Oktober resümierte der Kieler Polizeikommissar Köhler, dass kein Zweifel daran bestehe, *daß der N.A.S.B. und die „Antifaschistische Junge Garde"* [als Fortsetzung des Roten Jungsturms; Anm. d. Verfasser] *als Bestandteile des R.F.B. zu betrachten sind.*[409]

Dass es sich auch bei der „Roten Arbeiterwehr", der neugründeten Zeitung des NASBs, um eine Fortsetzung der „Roten Front" des RFB im neuen Gewand

---

20 Personen teilweise schwer und stahlen die Kasse und Werbematerialien. *Rotfront-Terror in Neumünster* in: Hamburger Nachrichten Nr. 451 vom 27.09.1929.
404 LASH 301-4549, Der Preuss. Polizeipräsident Altona-Wandsbek in Altona vom 16.06.1929.
405 Ebd.
406 SAPMO-BA, R 58/3282, Der Regierungspräsident in Schleswig vom 23.05.1929.
407 LASH 301-4549, Der Polizeipräsident vom 05.08.1929. Auf der Gründungsversammlung am 26.08.1929 begründet der Referent Erich Hoffmann, Führer der aufgelösten Jungfront, Gau Wasserkante, die Gründung des NASB mit anklagenden Worten in die Richtung der Sozialdemokratie und schwört die Anwesenden auf die Notwendigkeit der zu leistenden bevorstehenden Arbeit ein: *Der ehemalige Schutzbund des Proletariats, der R.F.B. ist von den sozialdemokratischen Ministern im Verein mit der Bourgeoisie verboten worden. Damit der Prolet ein Werkzeug des Kapitals wird, ist man zur Gründung des „Arbeiter-Schutzbundes" geschritten. Wenn man vom R.F.B. auch sagen konnte, daß er gut organisiert war, so muß der Arbeiter-Schutzbund diesen doch noch bei weitem übertreffen. Der Bund muß scharf diszipliniert sein, damit er den ihm übertragenen Aufgaben auch jederzeit gerecht werden kann.*
408 Ebd., Der Regierungspräsident vom 20.09.1929. In den nachfolgenden Monaten gründeten sich in weiten Teilen der Provinz kleinere, illegale Ortsgruppen des NASB. Vgl. dazu das von der Polizei angefertigte Ortsgruppenverzeichnis der KPD vom 06.12.1929 sowie die Ergänzungen vom 01.01.1930 und 01.03.1930 in LASH 301-4532.
409 LASH 301-4549, Bericht von Kriminal-Kommissar Köhler vom 01.10.1929.

handelte, offenbart bereits die erste Ausgabe, in der SPD und Reichsbanner aufs schärfste kritisiert wurden. So seien es die *Kettenhunde des Kapitals, Stahlhelm, Nazi, Reichsbanner usw., die durch wüsten Terror gegen die klassenbewussten Arbeiter das schändliche Werk der imperialistischen deutschen Bourgeoisie verrichten würden.*[410] Weiter heißt es: *Sozialdemokratie und bürgerliche Parteien, Reichsbanner und nationalsozialistische Kampfverbände bilden die Front des kapitalistischen Terrors, sind Faschisten mit einem Ziel: Aufrechterhaltung der kapitalistischen Herrschaft, Niederknüppelung der revolutionären Arbeiterschaft.*[411] Auch schrieb man dem Reichsbanner die Rolle einer *Polizeitruppe der Bourgeoisie* zu.[412] Dass sowohl die These vom Sozialfaschismus als auch der RFB nach dessen Verbot Bestand gehalten hatten, ist in Anbetracht dieser Äußerungen offensichtlich. Auch offenbaren sie den kommunistischen Kurs, der in der folgenden Zeit, trotz aller Schwierigkeiten, verfolgt werden sollte – der offene Kampf gegen die Sozialfaschisten der SPD und das Reichsbanner.

Obgleich der agitatorische Kurs auch innerhalb der Nachfolgeorganisationen klar war, gelang es ihnen in den darauffolgenden Monaten nicht, diesen auch konsequent zu verfolgen und durchzuführen. Grund hierfür war das Vorgehen der Polizei, die zahlreiche Nachfolgeorganisationen bereits kurze Zeit nach deren Entstehung auflöste und sie so an ihrer Arbeit hinderte, ehe sie diese überhaupt erst hatten aufnehmen können.[413] Das unablässige Wechselspiel von Neugründung durch ehemalige Rotfrontkämpfer und Auflösung durch die Behörden machte sich auch in den Betrieben bemerkbar, wie Ende 1929 aus einem parteiinternen Kontrollbericht über den Bezirk Wasserkante hervorgeht: *Im Bezirk Wasserkante fällt auf, daß die Arbeit der Betriebszellen wesentlich nachgelassen hat. Die Tatsache [...], daß der größte Teil der roten Betriebsräte passiv ist, ist ein Beweis dafür, daß die Qualität der politischen Arbeit unserer Betriebszellen durch eine verstärkte Unterstützung, aber auch durch die Kontrolle von oben gefördert*

---

410 *Her zu uns! Faschisten terrorisieren – Arbeiter marschieren!* in: Rote Arbeiterwehr Nr. 1 vom September 1929.
411 Ebd.
412 Ebd.
413 Vgl. die zahlreichen Berichte über Gründungen von Ortsgruppen, die als Nachfolgeorganisationen des RFB fungieren sollten, meist jedoch bereits nach kurzer Zeit von den Behörden als solche ausgemacht und aufgelöst wurden in: LASH 301-4549. Siehe exemplarisch die Bemühungen der Kieler KPD den RFB in der „Interessengemeinschaft für Arbeiterkultur" weiterleben zu lassen. Ebd., Der Polizeipräsident vom 04.03.1939; MÖLLER, Küstenregion, S. 428f.

werden muß.[414] Letzten Endes behielt die Polizei bei diesem „Katz-und-Maus-Spiel" die Oberhand – bereits Ende September 1930 war die Gründungsaktivität der Nachfolgeorganisation in Schleswig-Holstein nahezu vollständig zum Erliegen gekommen.[415]

Inwiefern bei dem „Kampfbund gegen den Faschismus" (anfangs auch unter dem Namen „Antifaschistischer Kampfbund"), der sich im Oktober erstmals auch in Schleswig-Holstein gegründet hatte, von einer Nachfolgeorganisation die Rede sein kann, lässt sich abschließend nicht eindeutig klären.[416] Einerseits wanderten viele ehemalige Mitglieder des RFB zu der legalen, primär von Kommunisten getragenen Organisation, ab und versuchten dort ihren Kampf gegen Regierung und Faschismus fortzusetzen.[417] Dies legt die Schlussfolgerung nahe, dass der Kampfbund gegen den Faschismus, zumindest von einem Teil seiner Mitglieder, als inoffizielle Fortsetzung des RFB angesehen wurde. Andererseits verstand sich der Kampfbund als eigenständige, vom RFB unabhängige

---

414 Bericht von der Kontrolle im Bezirk Wasserkante am 2. und 3. Dezember 1929 vom 06.12.1929 zit. nach Pfeil, KPD, S. 197f., vgl. Bericht von der Kontrolle im Bezirk Wasserkante am 2. und 3. Dezember 1929 vom 6.12.1929, SAPMO-BA, RY 1/13/16/60. Auch die Agitationsarbeit auf dem Land, die bereits vor dem RFB-Verbot nur bedingt anlief, kam nun nahezu vollständig zum Erliegen. Vgl. dazu die Meldungen der Landräte in: LASH 301-4581.
415 LASH 301-4549, Der Regierungspräsident vom 26.09.1930. In einem Bericht aus der Regierungskanzlei in Schleswig an den Innenminister in Berlin heißt es dazu: *Der Norddeutsche Arbeiterschutzbund oder andere Ersatzorganisationen des verbotenen R.F.B. sind in der Zwischenzeit nicht mehr in Erscheinung getreten. Es ist wohl seitens der K.P.D. verschiedentlich der Versuch gemacht worden, eine Organisation für den R.F.B. ins Leben zu rufen, doch sind diese stets in den Anfängen stecken geblieben. Wie in Kiel vertraulich festgestellt werden konnte, hat der Norddeutsche Arbeiterschutzbund während der ersten Wochen nach dem polizeilichen Zugriff noch von einem Teile der Mitglieder Beiträge einziehen lassen. Seit längerer Zeit findet eine Beitragszahlung nicht mehr statt; der Norddeutsche Arbeiterschutzbund muss als völlig aufgelöst betrachtet werden.*
416 Ebd., Der Regierungspräsident vom 05.12.1930. Weitere Gründungen in Kiel und Flensburg folgten. Siehe dazu: Ebd., Der Regierungspräsident vom 16.12.1930; Der Regierungspräsident vom 05.12.1930. Auch in Rendsburg gründete sich ein Ortsverein, der hauptsächlich aus Mitgliedern des RFB bestand. Schwarz, Aktivitäten, S. 161.
417 Berichte über die Gründung eines *Stosstrupps*, der über Taktiken des Angriffes und der Verteidigung sowie Straßen- und Barrikadenkämpfe unterrichtete und sich zusätzlich mit 25 Pistolen und 4.000 Schuss Munition bewaffnet hatte, belegt die Bestrebungen, den gewaltsamen Kampf fortzusetzen eindrucksvoll. LASH 301-4549, Der Polizeipräsident vom 04.11.1930.

Organisation, die den RFB weder fortsetzen noch in seinem Vorgehen nachahmen wollte. Stattdessen verwies man immer wieder auf die eigene Legalität und Eigenständigkeit.[418] Auch die KPD sah in ihm keine Nachfolgeorganisation, sondern vielmehr eine neue Möglichkeit, den Kampf gegen den Faschismus fortzusetzen und weiterblickend sogar die Chance, durch das gemäßigtere Auftreten potenzielle Mitglieder anzusprechen, die vom Vorgehen und der Illegalität des RFB abgeschreckt worden waren.[419]

Im Zuge seines Verbots hatte der RFB – wieder einmal – internen Problemen den Vorzug gegenüber organisierter politischer Agitation geben müssen. Dem ausgerufenen Kampf gegen die rechten Faschisten sowie die Sozialfaschisten aus SPD und Reichsbanner konnte nur wenig Aufmerksamkeit gewidmet werden, war man doch hauptsächlich damit beschäftigt, sich den Behörden zu entziehen. Zeigte man sich zunächst noch kämpferisch und aktiv, indem man gegen das Verbot demonstrierte und bemüht war, Nachfolgeorganisationen zu gründen, die auf den Strukturen des RFB aufbauten, erlosch der organisatorische Kampfgeist nach nur wenigen Monaten. Dennoch überlebte der RFB, wenn auch nicht in Form einer legalen Organisation in der Öffentlichkeit. Stattdessen überlebte er im Geist der Rotfrontkämpfer, die, wie an der Teilnahme des RFB-Wasserkante an der Führerkonferenz im Februar 1930 zu erkennen ist, ihren Kampf auch aus dem Untergrund heraus fortsetzten wollten.[420]

Durch das Verbot des RFB verlieren sich jedoch auch seine Spuren in den Quellen. Weder interne Dokumente der KPD noch polizeiliche Berichte geben eine zuverlässige, präzise und aussagekräftige Auskunft über den Fortgang der Rotfrontkämpfer im Untergrund. Die ohnehin schon schwachen Strukturen wurden bereits nach kurzer Zeit von den Behörden aufgelöst. Was übrig blieb waren Splittergruppen, die im Untergrundkampf eher eine „romantische Stimulanz" suchten anstatt den Wiederaufbau der Organisation.[421] Auch der Versuch

---

418 SCHUSTER, Frontkämpferbund, S. 227f.
419 Als bewussten Ausdruck der Andersartigkeit zum RFB verzichtete die KPD darauf, den Kampfbund zu bewaffnen. LASH 301-4532, Der Polizeipräsident vom 21.11.1930. Dass die Hoffnungen der KPD, so das Interesse neuer Mitglieder zu wecken, nicht unbegründet waren, belegt eine Erklärung des Jungbanners Altona auf dem Kampfkongress gegen den Faschismus im Februar 1931, in dieser großes Interesse am Beitritt zum Kampfbund gegen den Faschismus bekundete. LASH 301-4549, Der Regierungspräsident vom 14.02.1931.
420 *Führerkonferenz des „verbotenen" RFB*, in: Hamburger Volkszeitung Nr. 40 vom 18.02.1930; SCHUSTER, Frontkämpferbund, S. 226f.
421 SCHUSTER, Frontkämpferbund, S. 231f.

der KPD, den RFB mit der Hilfe von Erich Wollenberg, einem Militärexperten, erneut zu einer schlagkräftigen Bewegung aus der Illegalität auszubauen, scheiterte letzten Endes.[422] Der fehlende organisatorische Charakter des RFB im Untergrund bedingt, dass er in der weiteren Betrachtung nicht mehr als einheitliche Organisation angesehen werden kann und eine Betrachtung seines Verhältnisses zum Reichsbanner hier somit faktisch endet.

5.3 Schleswig-Holstein in der Spirale der politischen Gewalt bis 1933

Mit dem Eintritt in die letzte Phase der Weimarer Republik nahm auch das Maß an Gewalt in erschreckender Weise zu. In Schleswig-Holstein vollzog sich diese Entwicklung im Gleichschritt mit dem Aufstieg der NSDAP, die mit etwa 27 % der abgegebenen Stimmen bei der Reichstagswahl 1930 einen kometenhaften Aufstieg in der Provinz erlebte. Bemerkenswert war auch das Stimmenplus der KPD, die mit knapp über 10 % erstmals im zweistelligen Bereich lag. Beide Parteien profitierten im besonderen Maße von der Weltwirtschaftskrise, die viele Erwerbslose und diejenigen, die sich der Arbeitslosigkeit nahe sahen, in ihre Arme trieb. Die republikanischen Parteien büßten hingegen an Stimmen ein.[423] Dieses Bekenntnis der Wähler zu antirepublikanischen Parteien an den politischen Rändern lässt den weiteren Fortgang der Geschehnisse bereits erahnen. Als problematisch erwies sich in den folgenden Jahren auch die instabile politische Lage des Reiches. Auf die letzte Reichsregierung unter Reichskanzler Hermann Müller folgten drei Präsidialkabinette unter Heinrich Brüning, Franz von Papen und Kurt von Schleicher, die die politische Lage nicht stabilisieren konnten und dem Niedergang der Weimarer Republik nichts entgegenzusetzen hatten.[424]

Im Fahrwasser der Landvolkbewegung fiel die Ideologie von „Blut und Boden" der Nationalsozialisten insbesondere auf dem flachen Land Schleswig-Holsteins auf fruchtbaren Boden.[425] Kombiniert mit dem straffen militärischen Auftreten und kompromisslosen Einsatz von Gewalt hatten sie eine große Anziehung erregt. Einen nicht zu unterschätzenden Anteil daran hatte die SA

---

422 Ebd.
423 FALTER/LINDENBERGER/SCHUMANN, Wahlen, S. 103.
424 Siehe hierzu sowie grundlegend für die letzten Jahre der Weimarer Republik: KOLB/ SCHUMANN, Republik, S. 130f.
425 OMLAND, Vordringen, S. 24f.

der Nationalsozialisten. Im Jahr 1930 hatten Partei und Kampforganisation die DNVP und den Stahlhelm als stärkste rechte Bewegungen in Schleswig-Holstein abgelöst.[426]

Der Wahlausgang von 1930 wird in der Provinz jedoch keineswegs überraschend gekommen sein, hatten sich die wachsenden Sympathien für die Nationalsozialisten bereits seit einigen Jahren abgezeichnet. Nicht nur die Gründungen von Ortsgruppen und die verstärkte Propaganda, sondern auch die steigende Zahl gewaltsamer Auseinandersetzungen, häufig in der Form von Saalschlachten, verdeutlichten diesen Wandel.[427] Die Reaktion vom Reichsbanner und den Kommunisten fiel jedoch recht unterschiedlich aus. Während das Reichsbanner weiterhin den Weg des Rechtsstaates nicht verlassen und Auseinandersetzungen möglichst umgehen wollte, suchten die Kommunisten wesentlich häufiger den gewaltsamen Austausch mit den Nationalsozialisten.[428] Zu Aufeinandertreffen zwischen Reichsbannerleuten und Kommunisten kam es im Vergleich dazu selten.[429] Dieses Vorgehen deckt eine gewisse Widersprüchlichkeit des kommunistischen Vorgehens auf, waren es doch eigentlich die Sozialfaschisten aus dem Reichsbanner und der SPD, dem der größte Kampf gegolten hatte.

Anstatt mit dem Prügel und dem Messer sollte der Kampf gegen den Sozialfaschismus mit Worten gewonnen werden – statt durch Gewalt, durch Überzeugungsarbeit. So fordert die Hamburger Volkszeitung im Juni 1930 die Arbeiterschaft im Reichsbanner und der SPD zur Teilnahme an der revolutionären Einheitsfront in Neumünster auf und appelliert im gleichen Zuge, dass

---

426 KOPITZSCH, Gewalttaten, S. 23; OMLAND, Vordringen, S. 28.
427 Die zahlreichen Saalschlachten, nicht nur in Schleswig-Holstein, sondern überall im Reich, veranlassten Otto Hörsing dazu, das Reichsbanner offiziell mit der Aufgabe des „Saalschutzes" zu bekleiden. Vgl. dazu das Rundschreiben Nr. 40 des Reichsbanners vom 02.12.1929 in: BArch R 1501/125668j und das Schreiben des SPD-Genossen Dülz, der für eine Veranstaltung der SPD in Friedrichstadt Saalschutz beim ortsansässigen Reichsbanner beantragte. In: LASH 384.1-19, SPD-Genosse Paul Dülz vom 05.12.1932. Siehe hierzu auch den Zeitzeugenbericht von Karl Rickers, der zu jener Zeit als Journalist in Kiel tätig war. RICKERS, Saalschlachten.
428 Diverse Zeitungsartikel und Polizeiberichte in BArch R 1501/125732. Exemplarisch: Wolff's Telegraphisches Büro 96 vom 03.07.1930. Vgl. auch die Aufstellung der gewaltsamen Aufeinandertreffen in Schleswig-Holstein bei: KOPITZSCH, Gewalttaten, S. 25.
429 Vgl. hierzu die Berichte über gewaltsame Auseinandersetzungen zwischen Kommunisten und Andersdenkenden in: LASH 309-22752 sowie die Auflistung bei KOPITZSCH, Gewalttaten, S. 25.

sie erkennen mögen, *daß ihr Platz im Kampf gegen den Faschismus in der revolutionären Einheitsfront des Proletariats ist, die den Faschismus nur besiegen kann, wenn sie den Kampf gegen den Sozialfaschismus führt.*[430] Dass nicht alle dem Weg der Gewalt gänzlich den Rücken gekehrt hatten, belegen indes kleinere Auseinandersetzungen zwischen Kommunisten und Reichsbannerleuten, zu denen es vereinzelt kam.[431] Auffällig dabei ist, dass sich unter den gewalttätigen Kommunisten oftmals ehemalige Rotfrontkämpfer befanden.[432] Ihre Gewaltbereitschaft war scheinbar auch mit der Auflösung des RFB nicht verschwunden.

Das Reichsbanner reagierte auf die zunehmende Gewalt mit der Schaffung der Schutzformation (Schufo). Sie sollte aus den körperlich leistungsfähigsten und politisch zuverlässigsten Mitgliedern der Ortsgruppen bestehen, um so die Aktionsbereitschaft zu erhöhen. In der Praxis sollten sie primär im Reichsbanner-Nachrichtendienst oder im Saalschutz eingesetzt werden.[433] Dennoch waren die steigenden Zahlen gewaltsamer Konfrontationen kein Anlass für ein grundlegendes Umdenken im Reichsbanner in Bezug auf ihre Position zur Anwendung von Gewalt.[434] Stattdessen erging an alle Gauvorstände die Aufforderung, dass

---

430 *SPD- und Reichsbanner-Arbeiter hinein in die revolutionäre Einheitsfront!* in: HVZ Nr. 130 vom 07.06.1930.
431 Exemplarisch zwei kleinere Schlägereien in Kiel: LASH 301-4532, Der Polizeipräsident in Kiel vom 13.08.1930; Der Polizeipräsident in Kiel vom 15.09.1930.
432 Ebd.
433 ELSBACH, Reichsbanner, S. 351f. Interessant ist in diesem Zusammenhang auch der Bericht eines Vertrauensmannes der Kieler Reichswehrabteilung, der über eine Führersitzung des Kieler Reichsbanners vom 19. Oktober 1930, an dem Otto Hörsing, der Kieler Oberpräsident Heinrich Kürbis, dessen Vize Heinrich Thon, der Kieler Polizeipräsident Karl Dietrich und der Führer des schleswig-holsteinischen Reichsbannergaues Richard Hansen teilgenommen hatten, berichtet. In dem Treffen soll verabredet worden sein, dass für den Fall von politischen Unruhen eine bewaffnete Reservegruppe von 400 Reichsbannermitgliedern (wohl Schufos) in Kiel bereitgestellt werden soll, die im Notfall in die Schutzpolizei einzugliedern sei, da man sich auf sie, im Gegensatz zur Reichswehr, unbedingt verlassen könne. Inwiefern dieser Bericht auf wahren Begebenheiten beruht, ist nicht zu klären. Für seine Glaubwürdigkeit sprechen jedoch einerseits die sich zuspitzende politische Lage und andererseits, dass er sich in das Selbstbild des Reichsbanners und der Schufos nahtlos einfügen würde. Ebd., S. 375.
434 Ein in der RBZ veröffentlichtes Gedicht bringt das Selbstbild der Schufos lyrisch zum Ausdruck: *Kein Haufen wildgewordener Militaristen! / Keine aufgeputschte Bürgerkriegsgarde! / Keine phrasendreschenden Maulidealisten! / Schufo heißt: Republikaner auf Warte! / Nicht Dolch und Schlagring sind unsere Gefährten, / nicht Blut bezeichnen den Weg, den wir gehn! / Wir wollen in friedlich-zähem Ringen / Dem Volk die wahre*

sich strengstens an die gesetzlichen Regelungen zur Anmeldung und Abhaltung von Versammlung und Aufmärschen unter freiem Himmel zu halten sei. Weiter heißt es in dem Rundschreiben:

Unsere Kameraden müssen auf der ganzen Linie vorbildlich wirken und dürfen sich in keinem Falle etwas zu Schulden kommen lassen, denn diese Erlasse sind gegen den politischen Wahnsinn z. B. der Nationalsozialisten, Kommunisten und andere gerichtet, deren Kampfmethoden wir als unwürdig, ja geradezu verbrecherisch in gleicher Weise ablehnen und bekämpfen wie die Reichsregierung.[435]

Dass diesen Anweisungen nicht immer nachgegangen wurde, und auch im Reichsbanner zunehmend die Hemmungen vor aktiver Gewaltanwendung fielen, belegen zahlreiche Berichte über Saalschlachten und Störungen von rechtsgerichteten Veranstaltungen.[436]

Die angespannte Lage in Schleswig-Holstein verschärfte sich noch weiter, als der Stahlhelm im Februar 1931 ein Volksbegehren zur Auflösung des preußischen Landtages anstieß. Die Auflösung des von Sozialdemokraten geführten Landtages fiel im rechten Lager auf große Sympathien, sodass sich ihre Fürsprecher in der „Nationalen Front", angeführt von DNVP, NSDAP und Stahlhelm, zusammenschlossen. Nachdem das Volksbegehren die notwendigen Stimmen erhalten hatte und der Volksentscheid für den 9. August 1931 angesetzt worden war, reihte sich auch die KPD auf der Seite der Unterstützer ein und warb für eine Auflösung des von den sozialdemokratischen Sozialfaschisten geführten Landtages.[437] Dass der Schulterschluss im Kampf gegen die Sozialfaschisten der SPD

Freiheit erstehn! / Söhne des Volkes stehn in unseren Reihen / Bereit zu schützen, wenn Volk in Not! / Wir sind der Pressbock für Extremisten! / Wir sind des Volkes Sturmaufgebot! In: *Schufo!*, in: RBZ Nr. 35 vom 29.08.1931.

435 BArch R 1501/125668k, Der Reichsbanner-Bundesvorstand vom 31.03.1931.
436 KOPITZSCH, Gewalttaten, S. 25; RICKERS, Saalschlachten, S. 124.
437 OSTERROTH, Sozialdemokratie, S. 99. Die Begründung für den Schulterschluss mit den Rechtsparteien liefert der KPD-Abgeordnete Kurt Sindermann bereits ein Jahr zuvor: *Jawohl, wir geben zu, daß wir im Bunde mit den Nationalsozialisten stehen, daß wir vereint mit den Nationalsozialisten das bestehende kapitalistische System zertrümmern wollen, daß wir mit den Nazis gemeinsam in Deutschland den nationalen Bolschewismus einführen wollen. Dann, wenn uns die Nazis im Kampfe geholfen haben, rechnen wir mit ihnen selbst ab. Nicht international, sondern national, mit den Faschisten wollen wir die deutsche Arbeiterschaft befreien. Bolschewismus und Faschismus haben beide ein gemeinsames Ziel: Die Zertrümmerung des Kapitalismus und der Sozialdemokratischen Partei! Um dieses Ziel zu erreichen, ist uns jedes Mittel recht.* In: *KPD und Nazi Schulter an Schulter*, in: Hamburger Echo Nr. 246 vom 06.09.1930.

keinesfalls mit einem prinzipiellen Schulterschluss einherging, verdeutlichen die fortwährenden Auseinandersetzungen zwischen Kommunisten und der SA.[438]

Der Volksentscheid im August scheiterte letzten Endes und wurde von den Sozialdemokraten als großer Sieg für die Republik gefeiert. Dennoch entspannte sich die Lage weder im Reich noch in Schleswig-Holstein, sodass der preußische Innenminister Severing im November zur *Aufrechterhaltung der öffentlichen Ruhe, Sicherheit und Ordnung in Schleswig-Holstein* die Entsendung einer Polizeibereitschaft in die Provinz forderte.[439] Auch die republiktreuen Organisationen reagierten auf die sich zuspitzende Lage. Im Dezember schlossen sich daher das Reichsbanner, die SPD, der ADGB, der Allgemeine freie Angestelltenbund und der Arbeiter-Turn- und Sportbund zur Eisernen Front zusammen, um so gemeinsam gegen die Feinde der Republik zu kämpfen.[440]

Die Spirale der Gewalt vermochte aber auch die Eiserne Front nicht aufzuhalten.[441] Eine Zusammenarbeit mit den Kommunisten stand aufgrund der bekannten Unterschiede auch hier nicht zur Disposition. Die brutalen Straßen- und Saalschlachten, die sich die Kommunisten vornehmlich mit Hakenkreuzlern lieferten, werden auch dem letzten Republikaner verdeutlicht haben, wie unvereinbar die kommunistische Ideologie und ihr Vorgehen mit dem der Eisernen Front waren. So kämpften Kommunisten und Republikaner weiterhin getrennt gegen die Nationalsozialisten. Einzelne Versuche der Verbrüderung, wie in Flensburg, wo die KPD noch im Dezember 1931 das Reichsbanner zur Einheitsfront aufrief, kamen nicht zustande.[442] Auch die „Menzelschlacht", bei der im Januar 1932 Reichsbanner und KPD gemeinsam gegen Nationalsozialisten

---

438 LASH 309-22752, Der Landrat in Itzehoe vom 01.06.1931; KOPITZSCH, Gewalttaten, S. 24f.; MÖLLER, Küstenregion, S. 478f.
439 LASH 301-4498, Der Preußische Minister des Innern vom 13.11.1931.
440 Sie war zugleich auch die republikanische Antwort auf die Harzburger Front, in der sich im Oktober 1931 antirepublikanische Kräfte zusammengeschlossen hatten. Siehe fortführend zur Eisernen Front: ELSBACH, Reichsbanner, S. 405f.
441 Berichte über gewaltsame Aufeinandertreffen finden sich zahlreich in den Quellen und der Literatur, weshalb auf jede einzelne Nennung an dieser Stelle verzichtet wird. Exemplarisch sei jedoch auf einige verwiesen: *Nazi-Terror in Kiel*, in: SHVZ Nr. 177 vom 20.06.1932; ELSBACH, Reichsbanner, S. 455; HELM/WEINERT, Geschichte, S. 231f.; MÖLLER, Küstenregion, S. 478f.; OSTERROTH, Sozialdemokratie, S. 99; WILL, Rechts, S. 56f.
442 JACOBSEN, SPD, S. 88f.

in Rendsburg kämpften, war nicht viel mehr als ein spontanes und situatives Kampfbündnis, ohne weitergehende Verbrüderungsabsichten.[443] Dass es sich bei den Aufeinandertreffen zwischen Kommunisten mit den Nationalsozialisten um zentral koordinierte Unternehmungen der Partei oder einer Bewegung handelte, muss derweil zu bezweifeln sein, da die organisierte Arbeit in vielen Städten und Kreisen größtenteils zum Erliegen kam.[444] Stattdessen werden es wohl voneinander unabhängige Splittergruppen gewesen sein, die sich nach eigenem Gutdünken auf Konfrontationen mit der Polizei oder der SA einließen. So berichtet der Kieler Polizeipräsident im April 1932, dass die Arbeit des Kampfbundes gegen den Faschismus, der größten kommunistischen Bewegung in Schleswig-Holstein, infolge von Untätigkeit seiner Mitglieder völlig eingegangen sei.[445] Auch berichtet er von 120 Rotfrontkämpfern, die sich noch in Kiel befanden. Diese wiesen jedoch nur einen *sehr losen* Zusammenhalt auf und waren nur *wenig aktiv*.[446] Im Kreis Steinburg wiesen einzelne illegal weitergeführte RFB-Gruppen einen weitaus größeren Aktionismus auf. Sie planten konkrete Attentate und organisierten dafür weit im Voraus Waffen und Sprengstoff.[447]

Interessant sind in diesem Kontext auch die wiederholten Hinweise der Reichsbanner-Gauführung, dass Kommunisten regelmäßig zur SA übergelaufen sind und diese bei Bekanntwerdung zu melden seien.[448] Dass dem Wechsel ins nationalsozialistische Lager ein grundlegendes politisches Umdenken vorausgegangen war, erscheint dabei als unwahrscheinlich. Vielmehr unterstreicht es das in der Forschung gezeichnete Bild des Straßenkämpfers, dem es nicht primär um Politik, sondern um den gewaltsamen Konflikt ging, wie es sich auch im RFB in Schleswig-Holstein in den vorangegangenen Jahren immer wieder abgezeichnet hatte.[449]

---

443 BArch R 1501/125732, Bericht des Brückenwärters August Treitn vom 12.01.1932; hierzu sowie generell zu den gemeinsamen Aktivitäten von SPD und KPD in Rendsburg: SCHWARZ, Aktivitäten, hier: S. 155.
444 LASH 301-4549, Der Polizeipräsident in Kiel vom 19.04.1932; LASH 301-4533, Der Regierungspräsident vom 26.02.1933; MÖLLER, Küstenregion, S. 428f.; ZIMMERMANN, Lauenburg, S. 415.
445 LASH 301-4549, Der Polizeipräsident in Kiel vom 19.04.1932.
446 Ebd.
447 MÖLLER, Küstenregion, S. 432f.
448 LASH 384.1-19, Das Reichsbanner Gau Schleswig-Holstein, Allgemeines Rundschreiben Nr. 12 vom 14.12.1931.
449 ELSBACH, Reichsbanner, S. 25f.

Bis in den April 1932 eskalierte die Gewalt auf den Straßen unaufhaltsam weiter. Die treibende Kraft dahinter war die SA, die mittlerweile zu einer beachtlichen Größe im Reich herangewachsen war. Auch in Schleswig-Holstein beherrschte sie vielerorts die Straßen, und auch die Polizei sah sich mit immer größeren Schwierigkeiten konfrontiert, die Staatsgewalt gegen die Nationalsozialisten zu behaupten.[450] Am 13. April kam es daher zum kurzzeitigen Verbot von SA und SS, das allerdings nach kurzer Zeit wieder aufgehoben worden war und faktisch keinerlei Beruhigung in den Straßen brachte.[451]

Den Höhepunkt der Gewalt bildete schließlich der „Altonaer Blutsonntag" am 17. Juli 1932. Bei dem Aufeinandertreffen zwischen SA, Kommunisten, Reichsbanner und Polizei im Rahmen eines nationalsozialistischen Umzuges durch Altona starben 18 Personen, zahlreiche weitere wurden verletzt.[452] Die Geschehnisse in Altona veranlassten Reichskanzler Franz von Papen am 20. Juli 1932 zum „Preußenschlag".[453] Die geschäftsführende Regierung unter Sozialdemokrat Otto Braun wurde abgesetzt und durch Franz von Papen als Reichskommissar ersetzt. Mit der Ausschaltung der letzten roten Festung Preußen war der Weg für die Nationalsozialisten geebnet worden. Diese übernahmen am 30. Januar 1933, mit der Ernennung Adolf Hitlers zum Reichskanzler, die Macht in Deutschland – die demokratische Republik von Weimar war gescheitert.

---

450 SCHIRMANN, Blutsonntag, S. 15f.
451 KOLB/SCHUMANN, Republik, S. 140f.
452 Siehe ausführlich zum „Altonaer Blutsonntag": KOPITZSCH, Blutsonntag sowie SCHIRMANN, Blutsonntag.
453 Siehe fortführend zum Preußenschlag sowie zum weiteren Verlauf bis zur Machtübernahme durch die Nationalsozialisten: KOLB/SCHUMANN, Republik, S. 142f.

6. Zusammenfassung und Fazit

Ziel dieser Untersuchung war es, das Verhältnis zwischen dem Roten Frontkämpferbund und dem Reichsbanner Schwarz-Rot-Gold in der preußischen Provinz Schleswig-Holstein in dem Zeitraum ihres Bestehens von 1924 bis 1929 offenzulegen. Die Frage nach dem Verhältnis der beiden Organisationen zueinander sollte so ein weiterer Mosaikstein in der Erforschung des Aufstiegs der Nationalsozialisten sein. Konkret wurde in dieser Arbeit daher nach den Kooperationspotenzialen und Konfliktlinien gefragt. Wo gab es inhaltliche und organisatorische Überschneidungen oder gar Möglichkeiten der Zusammenarbeit? Wo taten sich Konfliktlinien auf und wie äußerten sich diese Konflikte? So sollte es ermöglicht werden, das Verhältnis zwischen dem RFB und dem Reichsbanner nachzuzeichnen, um dann herausstellen zu können, warum es letzten Endes nicht zu einer Zusammenarbeit kam.

Grundlegend für die Betrachtung der beiden Organisationen war jedoch zunächst die Betrachtung Schleswig-Holsteins nach dem Ersten Weltkrieg (Kapitel 2.). So wurden die spezifischen Charakteristika der Provinz herausgestellt, um ein Gefühl davon zu vermitteln, in welchem Raum und unter welchen Umständen die beiden Organisationen agierten. Die primär landwirtschaftlich geprägte Region mit ihren industriell geprägten Städten zeichnete sich durch eine gewisse Dichotomie aus. Während in den Städten die Sozialdemokraten die klare Überhand hatten, machten sich auf dem Land national-konservative und teils revanchistische Ideen breit, die von der Volksabstimmung 1920 in Schleswig noch weiter geschürt worden waren. Die wirtschaftlich schwierigen Jahre nach dem Ersten Weltkrieg trafen die Bevölkerung hart. Insbesondere in den Städten, wo die Industrien wieder der Friedenswirtschaft angepasst werden mussten, gab es daher eine hohe Anzahl an Erwerbslosen (Abschnitt 2.1.). Die wirtschaftliche Unzufriedenheit verstärkte die politische Skepsis gegenüber der neuen Republik, sodass es in der Folge zu mehreren Umsturzversuchen kam, die jedoch allesamt scheiterten. Die Basis dieser Umsturzversuche bildeten jeweils politische Kampfgruppen bzw. Wehrverbände, die sich auf der Basis politischer Ziele gegründet hatten. Für sie war die Anwendung von Gewalt kein Tabu, weshalb sich die politisch unterschiedlich gesinnten Zusammenschlüsse gegenseitig radikalisierten (Abschnitt 2.2.). Ihre teils friedliche und teils gewaltvolle Agitationsarbeit sollte das Straßenbild der Weimarer Republik prägen.

Wenngleich die Konterrevolutionen im Krisenjahr 1923 scheiterten, gaben sie den entscheidenden Anstoß zur Gründung des Reichsbanners Schwarz-Rot-Gold im Februar 1924, das sich als republikanische Schutztruppe verstand und gegen die Feinde der Republik arbeitete (Abschnitt 3.2). Die Gründung des Roten Frontkämpferbundes wenige Monate später verfolgte das entgegengesetzte Ziel, nämlich die Revolution der geschlossenen Arbeiterschaft gegen die kapitalistische Regierung. Grundlegend hierfür war die Einheitsfronttaktik der KI, die ein Zusammengehen der kommunistischen Arbeiter mit den sozialdemokratischen Arbeitern vorsah (*Exkurs*). Einen derartigen Zusammenschluss hatte es bereits 1923 innerhalb der Proletarischen Hundertschaften gegeben, die sich aus Kommunisten und Sozialdemokraten zusammensetzten und die bei den Umsturzversuchen in Thüringen und Sachsen eine tragende Rolle eingenommen hatten (Abschnitt 3.1). Der Schulterschluss der Arbeiterschaft zu einer Einheitsfront war die Hauptaufgabe des RFB. Hieraus ergab sich auch seine besondere Stellung zum Reichsbanner, da sich in diesem vornehmlich sozialdemokratische Arbeiter zusammengefunden hatten, die es nun zu überzeugen galt.

Bei der Gegenüberstellung beider Organisationen wurde deutlich, dass sie in ihrer Struktur und ihrem Auftreten nahezu identisch waren. Beide Seiten versuchten durch ihren militärischen Charakter den Geist der Nachkriegszeit zu nutzen, um so möglichst viele ehemalige Kriegsteilnehmer für ihre Sache zu gewinnen. Grundlage hierfür war das Agitieren, das zunächst aus illustren Umzügen in Formation mit Marschkapellen und Gesang sowie Diskussionsveranstaltungen bestand, im Laufe der Jahre jedoch zusehends von gewaltsamen Auseinandersetzungen mit anderen Gruppierungen geprägt war. Auch in den Betrieben fand Agitationsarbeit in Form von Diskussionen statt. Ein grundsätzlicher Unterschied tat sich jedoch bei den übergeordneten Zielen auf. Während das Reichsbanner für die Republik arbeitete, versuchte der RFB durch seine Bemühungen diese zu unterwandern, um sie auf lange Sicht stürzen zu können. Objektiv betrachtet, bot die programmatische Diskrepanz zwischen den Organisationen somit keinerlei gemeinsame Basis, auf der man hätte aufbauen können. Umso aussichtsloser waren demnach auch die Einheitsfrontbemühungen mit den Arbeitern im Reichsbanner, die es trotz aller offenbarten Differenzen zu verfolgen galt. Ein anderes Bild ergab sich bei der Betrachtung der Rekrutierungs- und Aktionsräume, in denen Reichsbanner und RFB agierten. Beide Seiten hatten ihren Mitgliederkern in dem linken Milieu der Arbeiterschaft. So fanden sich große Überschneidungen in den Lebens- und Arbeitsrealitäten sowie den politischen Interessen zwischen den Mitgliedern wieder. Die gemeinsamen Schnittmengen eröffneten daher ein Kooperationspotenzial, auf dem eine Zusammenarbeit möglich gewesen wäre.

Im Hauptkapitel der Arbeit wurde dann den verschiedenen Potenzialen nachgegangen, die sich zwischen dem Reichsbanner und dem RFB von 1924 bis 1929 ergeben hatten (Kapitel 4). Um eine grundlegende Ausgangslage zu schaffen, wurden hierzu zunächst die Strukturen und die damit einhergehende Entwicklung der beiden Organisationen dargelegt (Abschnitt 4.1.). Diese Darstellung lässt erkennen, dass das Reichsbanner eine relativ unkomplizierte und unspektakuläre Ausbreitung vollzogen hat (Abschnitt 4.1.1.), während der RFB fortlaufend von geringen Mitgliederzahlen sowie internen Problemen ausgebremst und zurückgeworfen worden war (Abschnitt 4.1.2.). Direktiven aus der Parteizentrale wurden daher häufig nur im Ansatz durchgeführt, eine effektive Arbeit war oftmals nicht möglich. Der Einfluss in den Betrieben und Gewerkschaften blieb nahezu ausnahmslos in sozialdemokratischen Händen (Abschnitt 4.2.). Auch die aktive Spaltung des Arbeitersports und der Arbeiterjugend durch die Gründung eigener Vereine, die in Anlehnung an Reichsbanner- oder reguläre Arbeiterorganisationen entstanden waren, führte nicht zu befriedigenden Ergebnissen.

Der interne Abrieb im RFB führte dazu, dass der kommunistische Kampfbund wenig mehr als eine ausgehöhlte Fassade war, die vom Reichsbanner kaum wahr- geschweige denn ernstgenommen wurde. Die Etablierung eines RFB in Schleswig-Holstein, der die notwendige Agitationsarbeit in den Betrieben und der Bevölkerung, in den Städten und auf dem Land, leisten sollte, erweckt in der Gesamtaufnahme daher den Eindruck eines Hauses, das vom Dach her gebaut wurde und dem das notwenige Fundament fehlte, das das Konstrukt hätte tragen können.

Die geringe Bedeutung des RFB ermöglichte dem Reichsbanner, dass dieser sich nicht ernsthaft mit dem Thema einer potenziellen Kooperation auseinandersetzen musste. Die Kampagne zur Fürstenabfindung 1926 führte das Reichsbanner daher in Eigenregie, ohne dabei auf die Anfrage auf Zusammenarbeit von kommunistischer Seite einzugehen (Abschnitt 4.3.). Hier war es auch die Überparteilichkeit im Reichsbanner, die einer Zusammenarbeit einen zusätzlichen Riegel vorschob. Konnten sich einige Sozialdemokraten im Reichsbanner eine temporäre Zusammenarbeit mit den Kommunisten vielleicht noch vorstellen, stand dies für die liberalen Mitglieder aus dem Lager der Zentrumspartei und der DDP nicht zur Disposition. Mit dem Rückzug der SPD in der Panzerkreuzer-Debatte 1928, in der man zunächst noch auf der gleichen Seite mit KPD und RFB stand, sich auf Drängen der SPD-Führung dann aber doch noch für den Bau aussprach, verflogen auch die kommunistischen Hoffnungen auf eine Zusammenarbeit rasch.

Mit den wiederholten Rückschlägen, die das Ergebnis der eigenen Bemühungen waren, stieg die Frustration unter den Rotfrontkämpfern, und auch die Hoffnung auf die Herstellung einer Einheitsfront rückte weiter in die Ferne. Dass der Schulterschluss mit den sozialdemokratischen Brüdern und Schwestern in den Betrieben und Gewerkschaften zunehmend zu einer Durchhalteparole der Führungszentrale ohne wirkliche Chance auf Verwirklichung wurde, zeichnete sich spätestens mit dem Eintritt Deutschlands in den Völkerbund 1926 ab. In Anbetracht einer gesteigerten Kriegsgefahr für Russland gegen den kapitalistischen Westen, kam es auf kommunistischer Seite zu einer spürbaren Verschärfung der verwendeten Rhetorik (Abschnitt 4.4.). Bilder vom unausweichlichen Bürgerkrieg, Kampfbereitschaft und Heldenmut wurden gezeichnet, die von einer militärischen Ausbildung untermauert wurden, die anstatt auf diszipliniertes Marschieren ihren Fokus vermehrt auf die praktische Kampfausbildung für den Kriegseinsatz legten. Eine ähnliche Entwicklung vollzog sich auch im Reichsbanner, wenngleich nicht derart drastisch.

Auch der Begriff des Faschismus fand nun deutlich häufiger Verwendung, wenn es um das Reichsbanner ging. Sukzessive wurde die republikanische Schutzorganisation auf die gleiche Stufe wie die offen rechtsgerichteten Organisationen gehoben. Hier deutete sich bereits der weitere Wandel an, den die Kommunisten dem Faschismusbegriff ab 1929 unterwerfen sollten. Hinzu kam eine einsetzende Brutalisierung, vor allem in den Reihen der Rotfrontkämpfer. Die steigende Zahl von Polizeiberichten über gewaltsame Ausschreitungen zwischen Rotfrontkämpfern und rechtsgesinnten Gruppierungen, zuletzt der SA, oder der Polizei, belegen dies. Das Reichsbanner bemühte sich unterdessen, jegliche Art von Gewaltanwendung zu vermeiden, um so nicht den legalen Rahmen zu überschreiten und die staatlichen Fundamente zu unterminieren. Während dieser Ansatz in Schleswig-Holstein meist erfolgreich war, kam es im angrenzenden Hamburg und seiner Grenzregion, wo sich die kommunistische Bewegung in einer weitaus besseren Verfassung präsentierte, wiederholt auch zu Auseinandersetzungen zwischen Reichsbannerleuten und Rotfrontkämpfern. Dabei verdeutlichen nicht nur die direkten Konfrontationen die Unvereinbarkeit der beiden Organisationen, sondern auch der grundsätzliche Ansatz in Bezug auf die Achtung der rechtsstaatlichen Grenzen, die von kommunistischer Seite fortwährend überschritten worden waren.

Ob der RFB in Schleswig-Holstein 1929 tatsächlich noch an der Schaffung einer Einheitsfront interessiert war, ist in Anbetracht seines Vorgehens in den vorangegangenen Monaten und Jahren mindestens anzuzweifeln. Der ideologisch-propagandistische Umschwung der KI in Moskau zur Sozialfaschismusthese, der in Deutschland die Sozialdemokraten in SPD und Reichsbanner zur größten Gefahr für die proletarische Arbeiterschaft deklarierte, kennzeichnete letzten Endes das offizielle Ende aller

Kooperationsbemühungen der Rotfrontkämpfer (Kapitel 5.). Mit dem Verbot des RFB endete die offene Agitation gegen das Reichsbanner jedoch bereits nach nur wenigen Monaten (Abschnitt 5.1.). Zwar versuchte die Bundesführung, die Organisation aus dem Untergrund heraus zusammenzuhalten, allerdings scheiterten diese Bemühungen meist in kürzester Zeit (Abschnitt 5.2.). Neugründungen, die lediglich unter neuen Namen hervortraten, politisch jedoch die gleiche Hetze gegen das Reichsbanner und die Sozialdemokratie fortsetzten, lassen keinen Zweifel daran, dass der Aktivismus einiger Mitglieder auch über das Verbot hinaus Bestand hatte.

Bis zur Machtübernahme der Nationalsozialisten versank Schleswig-Holstein, wie weite Teile der Republik auch, in der Gewalt der Kampfgruppen. Hier zeigte sich allen voran die SA als konfliktauslösende Kraft. Ihre erbittertsten Gegner auf den Straßen waren die vielen kleineren, oftmals unabhängig voneinander agierenden, kommunistischen Gruppierungen. In ihrem Vorgehen fand das Reichsbanner, das sich zuletzt in die Eiserne Front eingereiht hatte, nur noch weitere Bestätigung in ihrer Annahme, dass die SA und die Kommunisten von gleichem schädlichem Maß für die Republik waren. Es ist daher nicht verwunderlich, dass keinerlei Kooperationsversuche getätigt wurden, die nationalsozialistische Welle, die vom Land her über die Provinz hinweg zog, zu brechen (Abschnitt 5.3.).

Abschließend ist zu konstatieren, dass sich der RFB in Schleswig-Holstein zu keinem Zeitpunkt zu einem bedeutsamen Akteur entwickelt hatte. Das Reichsbanner agierte als Primus in der Provinz und konnte es sich aufgrund seines weitreichenden Rückhaltes erlauben, dem kommunistischen Versuch einer Massenbewegung keine größere Aufmerksamkeit zukommen zu lassen. Dort, wo sich potenzielle Kooperationsräume mit dem RFB auftaten, wurden diese mit dem Verweis auf die grundlegenden programmatischen Unterschiede im Keim erstickt. Jegliche Interaktion mit dem RFB lehnte das Reichsbanner durchweg ab. Der RFB arbeitete hingegen auf eine Zusammenarbeit vor dem Hintergrund der Einheitsfront hin. Mit der Deklarierung der Sozialdemokraten als Sozialfaschisten wandte sich dann auch die KI und somit der RFB von der Idee eines Zusammengehens ab. Dies machte letzten Endes auch jegliche Aussichten auf eine linke Opposition zur NSDAP und der SA zunichte.

Mit der Beantwortung der hier vorgestellten Fragestellung wurde auch ein Licht auf die mangelhafte Erforschung der kommunistischen Bewegung in der schleswig-holsteinischen Regionalgeschichte geworfen. Insbesondere in der Erforschung des RFB, der meist kaum mehr als eine Randnotiz größerer Abhandlungen ist, ist diese Arbeit als Anstoß zu verstehen, die weitere

Anknüpfungspunkte bietet. Ähnliches gilt für das Reichsbanner, wenn auch nicht im gleichen Maße. Weiter wird durch die erlangten Erkenntnisse zudem die Möglichkeit eröffnet, einen Vergleich zu anderen Regionen zu ziehen, in denen derartige Untersuchungen bereits stattgefunden haben. Für die Erforschung der Geschichte des Nationalsozialismus dient diese Arbeit als weiterer Beitrag, den Aufstieg der Nationalsozialisten aufzuarbeiten.

7. Quellen- und Literaturverzeichnis

7.1 Quellen

7.1.1 Ungedruckte Quellen

Bundesarchiv in Berlin-Lichterfelde (SAPMO-BA):

Abt. R 58: Reichssicherheitshauptamt, Nr. 3282.

Abt. R 1501: Reichsministerium des Innern, Nr. 20177, 125668j, 125668k, 125732.

Abt. RY 1: Kommunistische Partei Deutschlands, Nr. 13/16/60.

Landesarchiv Schleswig-Holstein in Schleswig (LASH):

Abt. 301: Oberpräsidium, Nr. 3520, 4496, 4498, 4499, 4500, 4501, 4503, 4515, 4520, 4522, 4523, 4524, 4525, 4526, 4527, 4528, 4529, 4532, 4533, 4545, 4546, 4547, 4548, 4549, 4577, 4579, 4580, 4581, 4582, 4695, 4696, 4697, 4698, 4699, 4700, 4701, 4702, 4703, 4704, 4705, 4712, 4713, 5793, 5794.

Abt. 309: Regierung zu Schleswig, Nr. 22564, 22666, 22703, 22723, 22750, 22752, 22795, 22855, 22858, 22991.

Abt. 320.8: Landratsämter und Kreisausschüsse: Kreis Herzogtum Lauenburg, Nr. 960, 998.

Abt. 384: Politische Parteien: Sozialdemokratische Partei Deutschlands (SPD), Nr. 19, 20, 30.

7.1.2 Gedruckte Quellen

Apenrader Blatt:

    Ausgabe Nr. 173 vom 29.07.1924, 136 vom 17.06.1925.

BAYERLEIN, BERNHARD H.; BABICENKO, LEONID G.; FRISOV, FRIEDRICH I.; VATLIN, ALEKSANDR JU. (Hgg.), Deutscher Oktober 1923. Ein Revolutionsplan und sein Scheitern (Archive des Kommunismus – Pfade des XX. Jahrhunderts 3), Berlin 2003.

BENZ, WOLFGANG; GRAML, HERMANN (Hgg.), Die revolutionäre Illusion: Zur Geschichte des linken Flügels der USPD. Erinnerungen von Curt Geyer (Schriftenreihe der Vierteljahreshefte für Zeitgeschichte 33), München 1976.

Das Reichsbanner (RBZ):

Ausgabe Nr. 23 vom 01.12.1925, 19 vom 01.10.1926, 9 vom 15.04.1928, 10 vom 22.04.1928, 16 vom 02.06.1928, 22 vom 15.07.1928, 26 vom 12.08.1928, 30 vom 09.09.1928, 31 vom 16.09.1928, 35 vom 29.09.1931.

Das Reichsbanner, Beilage für den Gau Hamburg-Bremen-Nordhannover (RBZ-GHBN):

Ausgabe Nr. 17 vom 01.09.1926, 9 vom 01.05.1927, 15 vom 01.08.1927, 23 vom 01.12.1927.

Die Rote Front:

Ausgabe Nr. 7 vom April 1926, 20 vom Oktober 1926.

Hamburger Echo:

Ausgabe Nr. 14 vom 14.01.1925, 31 vom 31.01.1925, 68 vom 09.03.1927, 1925, 195 vom 17.07.1927, 246 vom 06.09.1930.

Hamburger Nachrichten:

Ausgabe Nr. 451 vom 27.09.1929.

Hamburger Volkszeitung (HVZ):

Ausgabe Nr. 52 vom 01.03.1924, 292 vom 17.12.1925, 43 vom 20.02.1926, 40 vom 18.02.1930, 130 vom 07.06.1930.

HARBECK, KARL-HEINZ (Bearb.), Das Kabinett Cuno. 22. November 1922 bis 12. August 1923 (Akten der Reichskanzlei. Weimarer Republik 6), Boppard am Rhein 1968.

Kieler Zeitung:

Ausgabe Nr. 382 vom 15.08.1924.

Kommunistische Internationale (Hg.), Protokoll des Vierten Kongresses der Kommunistischen Internationale. Petrograd-Moskau vom 5. November bis 5. Dezember 1922, Hamburg 1923.

KUKUCK, HORST-ALBERT; SCHIFFMANN, DIETER (Bearb.), Die Gewerkschaften von der Stabilisierung bis zur Weltwirtschaftskrise 1924–1930 (Quellen zur Geschichte der deutschen Gewerkschaftsbewegung im 20. Jahrhundert 3/1), Köln 1986.

Rote Arbeiterwehr:

Ausgabe Nr. 1 vom September 1929.

Schleswig-Holsteinische Volkszeitung (SHVZ):

Ausgabe Nr. 171 vom 24.07.1924, 124 vom 12.06.1926, 172 vom 26.06.1926, 177 vom 20.06.1932.

STALIN, JOSEF WISSARIONOWITSCH, Werke, Bd. 6, Berlin 1952.

7.2 Literatur

ADRIANSEN, INGE; DOEGE, IMMO: Deutsch oder Dänisch? Bilder zum nationalen Selbstverständnis aus dem Jahre 1920 (Schriften der Gesellschaft für Flensburger Stadtgeschichte e.V. 46), Flensburg 1992.

BABEROWSKI, JÖRG: Die entfesselte Furie. Revolution und Diktatur in Russland, in: Auge, Oliver; Kollex, Knut-Hinrik (Hgg.): Die große Furcht. Revolution in Kiel – Revolutionsangst in der Geschichte (Kieler Schriften zur Regionalgeschichte 8), Kiel/Hamburg 2021, S. 65–96.

BAHNE, SIEGFRIED: „Sozialfaschismus" in Deutschland. Zur Geschichte eines politischen Begriffs in: International Review of Social History 10 (2), 1965), S. 211–245.

BARTH, BORIS: Die deutsche Revolution und die Dolchstoßlegenden, in: Auge, Oliver; Kollex, Knut-Hinrik (Hgg.): Die große Furcht. Revolution in Kiel – Revolutionsangst in der Geschichte (Kieler Schriften zur Regionalgeschichte 8), Kiel/Hamburg 2021, S. 135–147.

DERS.: Freiwilligenverbände in der Novemberrevolution, in: Bergien, Rüdiger; Pröve, Ralf (Hgg.): Spießer, Patrioten, Revolutionäre. Militärische Mobilisierung und gesellschaftliche Ordnung in der Neuzeit, Göttingen 2010, S. 95–115.

BAYERLEIN, BERNHARD: Die Komintern und die Weimarer Republik (1919–1933). Neue Weltordnungskonzepte und ihre Transformation, in: Braune, Andreas; Dreyer, Michael (Hgg.): Weimar und die Neuordnung der Welt. Politik, Wirtschaft, Völkerrecht nach 1918 (Weimarer Schriften zur Republik 11), Stuttgart 2020.

BERS, GÜNTER: „Rote Tage" im Rheinland. Demonstrationen des Roten Frontkämpfer-Bundes (RFB) im Gau Mittelrhein 1925–1928 (Die Arbeiterbewegung in den Rheinlanden 15), Wentorf/Hamburg 1980.

BIGGA, REGINE; DANKER, UWE: Die Schleswig-Holsteinische Volkszeitung 1982 bis 1968. Facetten aus ihrer Geschichte, in: ZSHG 3, 1988, S. 427–436.

BILL, CLAUS HEINRICH: „Unser Hauptziel: Das Dritte Reich", der Wehrwolf in Schleswig-Holstein, in: ISHZ 31, 1997, S. 44–58.

BLEIKAMP, INGO: KPD und Faschismus – Die Parteipolitik der KPD zwischen 1928 und 1933 unter Berücksichtigung des Bezirks Wasserkante, Hamburg 1977.

BLANDOW, WOLFGANG: Gewalt in der Geesthachter Kommunalpolitik. Ein Beitrag zur Auseinandersetzung von SPD und KPD in der Weimarer Republik, in: ZSHG 2, 1987, S. 213–228.

Böhles, Marcel: „Spät kam die Erkenntnis, aber sie kam". Das Reichsbanner Schwarz-Rot-Gold in der Pfalz, in: Becker, Klaus (Hg.): 1863–2013, 150 Jahre SPD in der Vorderpfalz, Ludwigshafen 2014, S. 57–59.

Bracher, Karl Dietrich: Die Auflösung der Weimarer Republik, Stuttgart/ Düsseldorf 1955.

Brandt, Hans-Heinz: Der Neubeginn der Gewerkschaftsbewegung nach dem Zweiten Weltkrieg im Raum Wagrien/Ostholstein, in: Die Heimat. Zeitschrift für Natur- und Landeskunde von Schleswig-Holstein und Hamburg 94, 1987, 104–213.

Brandt, Peter: Einheitsfront und Volksfront in Deutschland, in: Prokla: Zeitschrift für kritische Sozialwissenschaft 7, 1977, S. 35–74.

Braune, Andreas; Elsbach, Sebastian: Im Visier der Radikalen. Gewalt als Mittel der Politik, in: Boldorf, Marcel (Hg.): Die Republik von Weimar (Damals. Sonderband 2018), Darmstadt 2018, S. 73–80.

Brauns, Nikolaus: Schafft Rote Hilfe!. Geschichte und Aktivitäten der proletarischen Hilfsorganisation für politische Gefangene in Deutschland (1919–1938), Bonn 2003.

Brown, Timothy Scott: Weimar Radicals. Nazis and communists between authenticity and performance (Monographs in German history 28), New York u.a. 2009.

Büttner, Ursula: Der Stadtstaat als demokratische Republik, in: Jochmann, Werner (Hg.): Vom Kaiserreich bis zu Gegenwart (Hamburg. Geschichte der Stadt und ihrer Bewohner 2), Hamburg 1986, S. 131–264.

Cornelissen, Christoph: Vom „Ruhrkampf" zur Ruhrkrise. Die Historiografie der Ruhrbesetzung, in: Krumeich, Gerd; Schröder, Joachim (Hgg,): Der Schatten des Weltkriegs. Die Ruhrbesetzung 1923 (Düsseldorfer Schriften zur neueren Landesgeschichte und zur Geschichte Nordrhein-Westfalens 69), Essen 2004, S. 25–46.

Danker, Uwe: Die Geburt der Doppelstrategie in der „Roten Hochburg". Arbeiterbewegung in Schleswig-Holstein 1863–1918, in: Danker, Uwe u.a. (Hgg.): 125 Jahre sozialdemokratische Arbeiterbewegung in Schleswig-Holstein. Themenband (Demokratische Geschichte 3), Kiel 1988.

Danker, Uwe; Schwabe, Astrid: Schleswig-Holstein und der Nationalsozialismus, (Zeit + Geschichte 5), Neumünster 2005.

Dapp, Teresa: Kommunistische Milieus in der Weimarer Republik. Ein Forschungsbericht, in: Archiv für Sozialgeschichte 50, 2010, S. 503–544.

Dohnke, Kay: Das „Kernland nordischer Rasse" grüßt seinen Führer. Gaugründung, ideologische Positionen, Propagandastrategien: Zur Frühgeschichte und Etablierung der NSDAP in Schleswig-Holstein, in: ISHZ 50, 2008, S. 8–27.

Hennenberg, Fritz (Hg.): Das große Brecht-Liederbuch. Musik von

Eisner, Freya: Das Verhältnis der KPD zu den Gewerkschaften in der Weimarer Republik (Schriftenreihe der Otto Brenner Stiftung 8), Frankfurt am Main 1977.

Elsbach, Sebastian: Das Reichsbanner Schwarz-Rot-Gold. Republikschutz und politische Gewalt in der Weimarer Republik (Weimarer Schriften zur Republik 10), Stuttgart 2019.

Ders.: Die Gewalterfahrungen bis 1924 und die Gründung des Reichsbanners Schwarz-Rot-Gold, in: Braune, Andreas; Dreyer, Michael; Elsbach, Sebastian (Hgg.): Vom drohenden Bürgerkrieg zum demokratischen Gewaltmonopol (1918–1924) (Weimarer Schriften zur Republik 16), Stuttgart 2021, S. 191–208.

Epkenhans, Michael: Kiel und die Marine. Höhen und Tiefen einer langen Partnerschaft, in: Auge, Oliver; Tillmann, Doris (Hgg.): Kiel und die Marine 1865–2015. 150 Jahre gemeinsame Geschichte, Kiel 2017, S. 11–26.

Falter, Jürgen Wilfried; Hänisch, Dirk: Die Anfälligkeit von Arbeitern gegenüber der NSDAP bei den Reichstagswahlen 1928–1933, in: Archiv für Sozialgeschichte 26, 1986, S. 179–216.

Falter, Jürgen Wilfried; Lindenberger, Thomas; Schumann, Siegfried: Wahlen und Abstimmungen in der Weimarer Republik. Materialien zum Wahlverhalten 1919–1933 (Statistische Arbeitsbücher zur neueren deutschen Geschichte), München 1986.

Fetscher, Iring: Die vergessene deutsche Oktoberrevolution 1923, in: JHK, 2004, S. 391–394.

Finker, Kurt: Die militaristischen Wehrverbände in der Weimarer Republik. Ein Beitrag zur Strategie und Taktik der deutschen Großbourgeoisie, in: Zeitschrift für Geschichtswissenschaft 14,3, 1966, S. 357–378.

Ders.: Geschichte des Roten Frontkämpferbundes, Frankfurt am Main 1981.

Fischer, Rolf: Die politische Linke im Krieg. Das Beispiel Kiel, in: Kinzler, Sonja; Tillmann, Doris (Hgg.): Die Stunde der Matrosen. Kiel und die deutsche Revolution 1918, Darmstadt 2018, S. 40–46.

Flechtheim, Ossip Kurt: Die KPD in der Weimarer Republik, Hamburg 1986.

Foitzik, Doris: Solidarität im Verein. Arbeiterkultur im Kreis Steinburg zwischen 1890 und 1933, in: Foitzik, Doris (Hg.): „Die stärkste der Partei'n…". Arbeiterbewegung und Arbeiterkultur im Kreis Steinburg zwischen 1860 und 1960 (Geschichte der Arbeiterbewegung und Demokratie in Schleswig-Holstein 6), Kiel 1990, S. 59–69.

Franke, Julia: Im selben Boot? Der Einfluss der russischen Revolutionen 1917 auf den Kieler Matrosenaufstand und die deutsche Revolution 1918, in: Kinzler, Sonja; Tillmann, Doris (Hgg.): Die Stunde der Matrosen. Kiel und die deutsche Revolution 1918, Darmstadt 2018, S. 176–181.

FRICKE, RUDOLF: „Wir wollen nicht angreifen, sondern schützen". Das Reichsbanner Schwarz-Rot-Gold in Stadt und Land Wolfenbüttel, in: Landkreis Wolfenbüttel (Hg.): Heimatbuch 2021, Wolfenbüttel 2021, S. 233–244.

FUHRER, ARMIN: Ernst Thälmann. Soldat des Proletariats, München 2011.

GÖLLNITZ, MARTIN: Paramilitärs, Terroristen und Verschwörer. Revolutionsangst und konterrevolutionäre Gewalt in Kiel 1919–1922, in: Kinzler, Sonja; Tillmann, Doris (Hgg.): Die Stunde der Matrosen. Kiel und die deutsche Revolution 1918, S. 202–209.

GORDON, HAROLD JACKSON: Hitlerputsch 1923. Machtkampf in Bayern 1923–1924, München 1978.

HARTER, HANS: Das Bürgertum fehlt und überlässt dem Arbeiter den Schutz der Republik. Die Ortsgruppe Schiltach des Reichsbanners Schwarz-Rot-Gold, in: Die Ortenau: Veröffentlichung des Historischen Vereins für Mittelbaden 72, 1992, S. 271–302.

HAWERKAMP, HARTWIG: Beiträge zur Geschichte des Arbeiter-Samariter-Bundes von seiner Gründung (1888) bis zu seinem Verbot (1933) (Wissenschaftliche Schriften der Westfälische Wilhelms-Universität Münster 5,4), Münster 2012.

HEBERLE, RUDOLF: Landbevölkerung und Nationalsozialismus. Eine soziologische Untersuchung der politischen Willensbildung in Schleswig-Holstein 1918 bis 1932 (Schriftenreihe der Vierteljahreshefte für Zeitgeschichte 6), Stuttgart 1963.

HELM, INGO; WEINERT, CHRISTOPH: Die Geschichte Norddeutschlands, Gütersloh 2005.

HENNENBERG, FRITZ: Das große Brecht-Liederbuch. Musik von Bertolt Brecht, Franz S. Bruinier, Kurt Weill, Hanns Eisler, Paul Dessau, Rudolf Wagner-Régeny und Kurt Schwaen, 2. Bd., Frankfurt am Main 1984, S. 226–227.

HERLEMANN, BEATRIX: Der Gau Magdeburg-Anhalt des „Reichsbanners-Schwarz-Rot-Gold", in: Internationale wissenschaftliche Korrespondenz zur Geschichte der deutschen Arbeiterbewegung 35, 1999, S. 225–248.

HERMANN, CHRISTIAN: Roter Frontkämpferbund (RFB) in Dresden und Ostsachsen 1924–1929. Chronik-Bilder-Dokumente, Leipzig 2014.

HINZE, WERNER: Schalmeienklänge im Fackelschein. Ein Beitrag zur Kriegskultur der Zwischenkriegszeit (Tonsplitter, Archiv für Musik und Sozialgeschichte 1), Hamburg 2002.

HOCH, GERHARD: Das Scheitern der Demokratie im ländlichen Raum. Das Beispiel der Region Kaltenkirchen/Henstedt-Ulzburg 1870–1933

(Veröffentlichungen des Beirats für Geschichte der Arbeiterbewegung und Demokratie in Schleswig-Holstein 4), Kiel 1988.

JACOBSEN, JENS-CHRISTIAN: „Der Stolz der Gesamtpartei?". Die SPD in Schleswig-Holstein 1918–1933, in: ISHZ 3, 1988, S. 211–239.

DERS.: Die Flensburger SPD in der Zeit der Weimarer Republik: 1924–1933, in: Börm Erika u.a. (Verf.): 125 Jahre SPD in Flensburg 1868–1993 (Kleine Reihe der Gesellschaft für Flensburger Stadtgeschichte 24), Flensburg 1993, S. 62–98.

JANUSCH, DANIELA: Die plakative Propaganda der Sozialdemokratischen Partei Deutschlands zu den Reichstagswahlen 1928 bis 1932 (Bochumer Historische Studien, Neuere Geschichte 7), Bochum 1989.

DERS.: Die plakative Propaganda der Sozialdemokratischen Partei Deutschlands zu den Reichstagswahlen 1928 bis 1932. Band 2: Bildband (Bochumer Historische Studien, Neuere Geschichte 7), Bochum 1989.

JENSEN, JÜRGEN: Einwohnerwehren und Selbstschutzorganisationen in Schleswig-Holstein 1918–1921, in: ZSHG 99, 1974, S. 255–269.

JENTSCH, HARALD: Die KPD und der „Deutsche Oktober" 1923. Rostock 2005.

JONES, MARK: Am Anfang war Gewalt. Die deutsche Revolution 1918/19 und der Beginn der Weimarer Republik, Berlin 2017.

JUNG, OTMAR: Direkte Demokratie in der Weimarer Republik. Die Fälle „Aufwertung", „Fürstenenteignung", „Panzerkreuzerverbot" und „Youngplan", Frankfurt am Main u.a. 1989.

KLATT, INGE: Sozialdemokratie und Obrigkeit vor dem ersten Weltkrieg in Schleswig-Holstein. Aktion und Reaktion, in: ZSHG 3, 1988, S. 97–116.

KOCH-BAUMGARTEN, SIGRID: Die Märzaktion der KPD 1921 (Geschichte der Arbeiterbewegung), Köln 1987.

KOHLMANN, CARSTEN: „Die Republik den Republikanern!" Das Reichsbanner Schwarz-Rot-Gold in Württemberg, in: Momente: Beiträge zur Landeskunde von Baden-Württemberg 4, 2002, S. 10–14.

KOLB, EBERHARD; SCHUMANN, DIRK: Die Weimarer Republik (Oldenbourg Grundriss der Geschichte 16), 9. Auflage, Berlin 2022.

KOLLEX, KNUT-HINRIK: Revolutionsangst und Autoritätsversagen. Der Aufstand von 1918 in Kiel, in: Auge, Oliver; Kollex, Knut-Hinrik (Hgg.): Die große Furcht. Revolution in Kiel – Revolutionsangst in der Geschichte (Kieler Schriften zur Regionalgeschichte 8), Kiel/Hamburg 2021, S. 17–40.

DERS.: „Ruhe und Ordnung". Provinzielle Revolution in Schleswig-Holstein, in: Kinzler, Sonja; Tillmann, Doris (Hgg.): Die Stunde der Matrosen. Kiel und die deutsche Revolution 1918, Darmstadt 2018, S. 133–139.

KOPITZSCH, WOLFGANG: Der „Altonaer Blutsonntag", in: Herzig, Arno (Hg.): Arbeiter in Hamburg: Unterschichten, Arbeiter und Arbeiterbewegung seit dem ausgehenden 18. Jahrhundert (Veröffentlichungen des Hamburger Arbeitskreises für Regionalgeschichte), Hamburg 1983, S. 509–516.

DERS.: Politische Gewalt in Schleswig-Holstein in der Endphase der Weimarer Republik, in: Hoffmann, Erich; Wulf, Peter (Hgg.): „Wir bauen das Reich". Aufstieg und erste Herrschaftsjahre des Nationalsozialismus in Schleswig-Holstein (Quellen und Forschungen zur Geschichte Schleswig-Holsteins 81), Neumünster 1983.

KORTUM, JOACHIM K.: Reichsbanner Schwarz-Rot-Gold, Gau Braunschweig. Im Freistaat und Stadt Braunschweig 1924 bis 1933, Braunschweig 2007.

KRAUSE, HARTFRID: Die Spaltung der deutschen Arbeiterbewegung und die Gründung der USPD 1917, in: Braune, Andreas; Hesselbarth, Mario; Müller, Stefan (Hgg.): Die USPD zwischen Sozialdemokratie und Kommunismus 1917–1922 (Weimarer Schriften zur Republik 3), Stuttgart 2018, S. 3–24.

KREUTZ, JÖRG: „Die Fahne der Republik ist Schwarz-Rot-Gold." Die Anfänge des Reichsbanners Schwarz-Rot-Gold in der Rhein-Neckar-Region (1924–1927), in: Krauß, Martin; Nieß, Ulrich (Hgg.): Stadt, Land, Heimat. Beiträge zur Geschichte der Metropolregion Rhein-Neckar im Industriezeitalter, Basel u.a. 2011, S. 239–268.

KUHL, KLAUS: Kiel und die Revolution von 1918. Das Tagebuch eines Werftingenieurs, verfasst in den Jahren 1917–1919 (Kieler Werkstücke Reihe A: Beiträge zur schleswig-holsteinischen und skandinavischen Geschichte 51), Berlin u.a. 2018.

KUROPKA, JOACHIM: Radikale im ländlichen Raum. Zur Landvolkbewegung 1928 bis 1933, in: Kürschner, Wilfried (Hg.): Der ländliche Raum. Politik – Wirtschaft – Gesellschaft, Berlin/Münster 2017, S. 143–156.

LEMBKE, ULLA: Freie Gewerkschaften und SPD in Flensburg bis 1933 in: Börm Erika u.a. (Verf.): 125 Jahre SPD in Flensburg 1868–1993 (Kleine Reihe der Gesellschaft für Flensburger Stadtgeschichte 24), Flensburg 1993, S. 99–125.

LENSING, HELMUT: Republikanische Wehrorganisationen im Emsland – Das „Reichsbanner Schwarz-Rot-Gold", die „Eiserne Front" und die „Volksfront gegen Radikalismus und soziale Reaktion", in: Jahrbuch des Emsländischen Heimatbundes 55, 2009, S. 45–72.

MALLMANN, KLAUS-MICHAEL: Kommunisten in der Weimarer Republik. Sozialgeschichte einer revolutionären Bewegung, Darmstadt 1996.

MENAPACE, BERNHARD MICHAEL: „Klein-Moskau" wird braun. Geesthacht in der Endphase der Weimarer Republik (1928–1933) (Veröffentlichungen des

Beirats für Geschichte der Arbeiterbewegung und Demokratie in Schleswig-Holstein 11), Kiel 1991.

MINTERT, DAVID MAGNUS: „Sturmtrupp der Deutschen Republik". Das Reichsbanner Schwarz-Rot-Gold in Wuppertal, Wuppertal 2002.

MÖLLER, REIMER: Eine Küstenregion im politisch-sozialen Umbruch (1860–1933). Die Folgen der Industrialisierung im Landkreis Steinburg (Elbe) (Veröffentlichungen des Hamburger Arbeitskreises für Regionalgeschichte 22), Hamburg 2007.

DERS.: Sozial unkontrollierter Strukturwandel und politischer Radikalismus. Das Beispiel der Zementindustriegemeinde Lägerdorf – Grundzüge der wirtschaftlichen Entwicklung, in: Foitzik, Doris (Hg.): „Die stärkste der Partei'n…". Arbeiterbewegung und Arbeiterkultur im Kreis Steinburg zwischen 1860 und 1960 (Geschichte der Arbeiterbewegung und Demokratie in Schleswig-Holstein 6), Kiel 1990, S. 74–83.

MÜHLHAUSEN, WALTER: Reichspräsident und Ausnahmezustand. Friedrich Ebert und die Anwendung von Artikel 48 zur Wiederherstellung von Sicherheit und Ordnung, in: Braune, Andreas; Dreyer, Michael; Elsbach, Sebastian (Hgg.): Vom drohenden Bürgerkrieg zum demokratischen Gewaltmonopol (1918–1924) (Weimarer Schriften zur Republik 16), Stuttgart 2021, S. 149–170.

NIEMANN, HEINZ: Geschichte der deutschen Sozialdemokratie 1914–1945, Berlin 2008.

OMLAND, FRANK: Die Ortsgruppen und Mitglieder der NSDAP in Schleswig-Holstein. Eine statistische Annäherung für die Zeit von 1925 bis 1935, in: ISZH 60, 2020, S. 6–59.

DERS.: „Man hatte ihr Vordringen erwartet…". Aspekte des Aufstiegs der NSDAP in Schleswig-Holstein und Dithmarschen, in: ISZH: Beiheft 4, 2019, S. 22–29.

DERS.: „Volk, jetzt entscheide!". Zum gescheiterten Versuch der entschädigungslosen Enteignung der ehemaligen Landesfürsten am 20. Juli 1926, in: ZSHG 20, 2010, S. 101–125.

OSTERROTH, FRANZ: 100 Jahre Sozialdemokratie in Schleswig-Holstein. Ein geschichtlicher Überblick, Kiel 1963.

OTTO-MORRIS, ALEXANDER: „Bauer wahre dein Recht!". Landvolkbewegung und Nationalsozialismus 1928/30, in: ISHZ 50, 2008, S. 55–73.

PAETAU, RAINER: Konfrontation oder Kooperation. Arbeiterbewegung und bürgerliche Gesellschaft im ländlichen Schleswig-Holstein und in der Industriestadt Kiel zwischen 1900 und 1925 (Studien zur Wirtschafts- und Sozialgeschichte Schleswig-Holsteins 14), Neumünster 1988.

PASCHEN, JOACHIM: Wenn Hamburg brennt, brennt die Welt. Der kommunistische Griff nach der Macht im Oktober 1923, Frankfurt am Main u.a. 2010.

PFEIL, ULRICH: Die KPD im ländlichen Raum. Die Geschichte der Heider KPD 1920-1935, in: ZSHG 10, 1996, S. 167-206.

DERS.: Dithmarschen in der Weimarer Republik 1918-1933, in: Gietzelt, Martin (Hg.): Geschichte Dithmarschens. Das 20. Jahrhundert, Heide 2013, S. 9-34.

PLEYER, HILDEGARD: Politische Werbung in der Weimarer Republik. Die Propaganda der maßgeblichen politischen Parteien und Gruppen zu den Volksbegehren und Volksentscheiden „Fürstenenteignung" 1926, „Freiheitsgesetz" 1929 und „Auflösung des Preußischen Landtages" 1931, Münster 1959.

RACKWITZ, MARTIN: Kiel 1918. Revolution – Aufbruch zu Demokratie und Republik (Sonderveröffentlichungen der Gesellschaft für Kieler Stadtgeschichte 87), Kiel/Hamburg 2018.

RICKERS, KARL: Die Ära der Saalschlachten, in: Geckler, Christa (Hg.): Erinnerungen an Kiel zwischen den Weltkriegen 1918/1939 (Sonderveröffentlichungen der Gesellschaft für Kieler Stadtgeschichte 58), Husum 2007, S. 124-127.

RIETLZER, RUDOLF: „Kampf um die Nordmark". Das Aufkommen des Nationalsozialismus in Schleswig-Holstein (1919-1928) (Studien zur Wirtschafts- und Sozialgeschichte Schleswig-Holsteins 4), Neumünster 1982.

ROCCA, REGINA: Der Kapp-Lüttwitz-Putsch in Kiel, in: ZSHG 3, 1988, S. 285-305.

RÖDEL, HOLGER: Ein schwieriger Start. Zur Frühgeschichte der sozialdemokratischen Arbeiterbewegung in Schleswig-Holstein, in: ZSHG 3, 1988, S. 77-96.

ROHE, KARL: Das Reichsbanner Schwarz-Rot-Gold. Ein Beitrag zur Geschichte und Struktur der politischen Kampfverbände zur Zeit der Weimarer Republik (Beiträge zur Geschichte des Parlamentarismus und der politischen Parteien 34), Düsseldorf 1966.

SAAGE, RICHARD: Faschismus. Konzeptionen und historische Kontexte. Eine Einführung, Wiesbaden 2007.

SABROW, MARTIN: Terroristische Geheimbündelei versus demokratisches Gewaltmonopol. Die rechtsradikale Anschlagserie gegen die Weimarer Republik 1921/22, in: Braune, Andreas; Dreyer, Michael; Elsbach, Sebastian (Hgg.): Vom drohenden Bürgerkrieg zum demokratischen Gewaltmonopol (1918-1924) (Weimarer Schriften zur Republik 16), Stuttgart 2021, S. 67-82.

SCHARTL, MATTHIAS: Rote Fahnen über Flensburg. KPD, linksradikale Milieus und Widerstand im nördlichen Schleswig-Holstein 1919-1945 (Schriftenreihe der Gesellschaft für Flensburger Stadtgeschichte e.V. 55), Flensburg 1999.

SCHIRMANN, LÉON: Altonaer Blutsonntag 17. Juli 1932. Dichtung und Wahrheit, Hamburg 1994.

SCHLÜRMANN, JAN: 1920: Eine Grenze für den Frieden. Die Volksabstimmung zwischen Deutschland und Dänemark, Kiel/Hamburg 2019.

SCHMEITZNER, MIKE: Weltkrieg – Weltrevolution – Diktatur? Gewalt von links und ihre Rechtfertigung 1918 bis 1923/24, in: Braune, Andreas; Dreyer, Michael; Elsbach, Sebastian (Hgg.): Vom drohenden Bürgerkrieg zum demokratischen Gewaltmonopol (1918–1924) (Weimarer Schriften zur Republik 16), Stuttgart 2021, S. 29–50.

SCHÖNHOVEN, KLAUS: Strategie des Nichtstuns? Sozialdemokratischer Legalismus und kommunistischer Attentismus in der Ära der Präsidialkabinette, in: Vogel, Hans-Jochen; Ruck, Michael (Hgg.): Klaus Schönhoven. Arbeiterbewegung und soziale Demokratie in Deutschland (Politik- und Gesellschaftsgeschichte 59), Bonn 2002, S. 309–327.

SCHRÖDER, ULRICH: „Wir sind kein Kriegerverein, aber wir sind auch kein Debattierclub." Das Reichsbanner Schwarz-Rot-Gold in Bremen und Umgebung 1924–1933, in: Bremisches Jahrbuch 93, 2014, S. 121–156.

SCHULTE, ROLF: Landarbeiter und Großgrundbesitzer in der Weimarer Republik am Beispiel des Altkreises Eckernförder, in: ZSHG 1, 1986, S. 161–195.

SCHULTE, ROLF; WEBER, JÜRGEN: Die Unabhängige Sozialdemokratische Partei Deutschlands (USPD) in Schleswig-Holstein, in: ZSHG 3, 1988, S. 307–317.

SCHUMANN, DIRK: Politische Gewalt in der Weimarer Republik 1918–1933. Kampf um die Straße und Furcht vor dem Bürgerkrieg (Veröffentlichungen des Instituts für soziale Bewegungen: Schriftenreihe A: Darstellungen 17), Essen 2001.

SCHUSTER, KURT G. P.: Der Rote Frontkämpferbund 1924–1929. Beiträge zur Geschichte und Organisationsstruktur eines politischen Kampfbundes (Beiträge zur Geschichte des Parlamentarismus und der politischen Parteien 55), Düsseldorf 1975.

SCHWARZ, ROLF: Rendsburg und Büdelsdorf: Lokale Aktivitäten der Arbeiterparteien SPD und KPD, in: Hoffmann, Erich; Wulf, Peter (Hgg.): „Wir bauen das Reich". Aufstieg und Herrschaftsjahre des Nationalsozialismus in Schleswig-Holstein (Quellen und Forschungen zur Geschichte Schleswig-Holsteins 81), Neumünster 1983, S. 149–164.

SCHWICHTENBERG, HERMANN: Die „Sägebock-Aktion" in Münsterdorf, in: ZSHG 14, 2001, S. 139–148.

SIEMENS, DANIEL: Sturmabteilung. Die Geschichte der SA (Bundeszentrale für Politische Bildung 10464), Bonn 2019.

SÖRENSEN, CHRISTIAN MARTIN: Politische Entwicklung und Aufstieg der NSDAP in den Kreisen Husum und Eiderstedt 1918–1933 (Quellen und Forschungen zur Geschichte Schleswig-Holsteins 104), Neumünster 1995.

STAHNCKE, HOLMER: Altona. Geschichte einer Stadt, Hamburg 2014.

STAMP, FRIEDRICH: Arbeiter in Bewegung. Die Geschichte der Metallgewerkschaften in Schleswig-Holstein (Veröffentlichungen des Beirats für Geschichte der Arbeiterbewegung und Demokratie in Schleswig-Holstein 18), Malente 1997.

DERS.: Die Gewerkschaften in Schleswig-Holstein im Frühjahr 1933. Von der Anpassung über die Selbstaufgabe zur Gleichschaltung, in: Natur- und Landeskunde: Zeitschrift für Schleswig-Holstein, Hamburg und Mecklenburg 110, 2003, S. 126–132.

STOKES, LAWRENCE DUNCAN: Die Anfänge des Eutiner Reichsbanners (1924–1929/30), in: ZSHG 3, 1988, S. 335–343.

DERS.: „Wegbereiter des neuen nationalen Werdens". Der „Stahlhelm, Bund der Frontsoldaten" in Eutin, 1923–1934, in: ISHZ 31, 1997, S. 3–28.

STOLTENBERG, GERHARD: Politische Strömungen im schleswig-holsteinischen Landvolk 1918–1933. Ein Beitrag zur politischen Meinungsbildung in der Weimarer Republik (Beiträge zur Geschichte des Parlamentarismus und der politischen Parteien 24), Düsseldorf 1962.

STRATH, BO: Die Arbeiterbewegung in Kiel und Bremen. Bedingungen für das Entstehen verschiedener politischer Traditionen, in: Paetau, Rainer; Rödel, Holger (Hgg.): Arbeiter und Arbeiterbewegung in Schleswig-Holstein im 19. und 20. Jahrhundert (Studien zur Wirtschafts- und Sozialgeschichte Schleswig-Holsteins 13), Neumünster 1987, S. 279–310.

TOSSTORFF, REINER: Zwischen parlamentarischer Demokratie und der bolschewistischen Revolution. Das Ende der USPD als Massenpartei, in: Braune, Andreas; Hesselbarth, Mario; Müller, Stefan (Hgg.): Die USPD zwischen Sozialdemokratie und Kommunismus 1917–1922 (Weimarer Schriften zur Republik 3), Stuttgart 2018, S. 193–210.

ULLRICH, VOLKER: Die Revolution von 1918/19 (Beck'sche Reihe 2454), München 2009.

ULRICH, AXEL: Freiheit! Das Reichsbanner Schwarz-Rot-Gold und der Kampf von Sozialdemokraten in Hessen gegen den Nationalsozialismus, 1924–1933, Köln u.a. 2009.

VETTER, HEINZ OSKAR: Zur Strategie der Freien Gewerkschaften in der Weimarer Republik, in: Voigt, Marga; Reiner, Zilkenat (Hgg.): Als es „ums Ganze" ging. Gewerkschaften zwischen Revolution und Kapitulation 1918–1933 (Zwischen Revolution und Kapitulation 1), Berlin 2014, S. 17–43.

VOIGT, CARSTEN: Kampfbünde der Arbeiterbewegung. Das Reichsbanner Schwarz-Rot-Gold und der Rote Frontkämpferbund in Sachsen 1924–1933 (Geschichte der Politik in Sachsen 26), Köln u.a. 2009.

WEBER, JÜRGEN: Das Reichsbanner im Norden. Ein Bollwerk der Demokratie?, in: ZSHG 20, 2010, S. 127–146.

WEBER, HERMANN: Die Gründung der KPD, in: Grebing, Helga (Hg.): Die deutsche Revolution 1918/19. Eine Analyse (Geschichte), Berlin 2008, S. 231–238.

WICHTENBERG, HERMANN: Die „Sägebock-Aktion" in Münsterdorf, in: ZSHG 14, 2001, S. 139–148.

WILL, FRANK: Rechts-zwo-drei. Nationalsozialismus im Kreis Pinneberg, Pinneberg 1993.

WINKLER, HEINRICH AUGUST: Der Schein der Normalität. Arbeiter und Arbeiterbewegung in der Weimarer Republik 1924 bis 1930 (Geschichte der Arbeiter und Arbeiterbewegung in Deutschland seit dem Ende des 18. Jahrhunderts 10), Bonn 1985.

WINTZER, JOACHIM: Deutschland und der Völkerbund: 1918–1926 (Sammlung Schöningh zur Geschichte der Gegenwart), Paderborn u.a. 2006.

WULF, PETER: „Wir waren nicht nur an der Front, wir bleiben auch an der Front." Zur Geschichte des „Stahlhelm Westküste" 1923–1929, in: ZSHG 130, 2005, S. 191–222.

DERS.: Revolution, schwache Demokratie und Sieg in der „Nordmark". Schleswig-Holstein in der Zeit der Weimarer Republik, in: Lange, Ulrich (Hg.): Geschichte Schleswig-Holsteins. Von den Anfängen bis zur Gegenwart, 2. Auflage, Neumünster 2003, S. 545–584.

ZIEMANN, BENJAMIN: Die Zukunft der Republik? Das Reichsbanner Schwarz-Rot-Gold 1924–1933 (Gesprächskreis Geschichte 91), Bonn 2011.

ZIMMERMANN, HANSJÖRG: Der Kampf um schwarz-weiß-rot. Auseinandersetzungen um Reichsfahnen in der Weimarer Republik, in: Lauenburger Heimat 163, 2003, S. 3–13.

DERS.: Der Stahlhelm, Bund der Frontsoldaten. Ein Beitrag zur politischen Kultur der Weimarer Republik im Kreis Herzogtum Lauenburg, in: ZSHG 131, 2006, S. 103–132.

DERS.: Die Einwohnerwehren. Selbstschutzorganisationen oder konterrevolutionäre Kampforgane?, in: ZSHG 128, 2003, S. 185–212.

DERS.: Wählerverhalten und Sozialstruktur im Kreis Herzogtum Lauenburg 1918–1933. Ein Kreis zwischen Obrigkeitsstaat und Demokratie (Quellen und Forschungen zur Geschichte Schleswig-Holsteins 72), Neumünster 1978.

7.3 Abkürzungsverzeichnis

ADAV	Allgemeine Deutsche Arbeiterverein
ADGB	Allgemeiner Deutscher Gewerkschaftsbund
ASB	Arbeiter-Samariter-Bund
Bearb	Bearbeiter
DDP	Deutsche Demokratische Partei
DNVP	Deutschnationale Volkspartei
DVP	Deutsche Volkspartei
Ebd./ebd.	Ebenda/ebenda
Hg./Hgg.	Herausgeber
HVZ	Hamburger Volkszeitung
ISHZ	Informationen zur Schleswig-Holsteinischen Zeitgeschichte
JHK	Jahrbuch für Historische Kommunismusforschung
KI	Kommunistische Internationale
KPD	Kommunistische Partei Deutschlands
LASH	Landesarchiv Schleswig-Holstein
MSPD	Mehrheitssozialdemokratische Partei Deutschlands
NASB	Norddeutscher Arbeiterschutz Bund
NSDAP	Nationalsozialistische Deutsche Arbeiterpartei
O. C.	Organisation Consul
Orgesch	Organisation Escherich
RBZ	Das Reichsbanner (Zeitung)
RBZ-GHBN	Das Reichsbanner, Beilage für den Gau Hamburg-Bremen-Nordhannover
Reichsbanner	Reichsbanner Schwarz-Rot-Gold
RFB	Roter Frontkämpferbund
RFMB	Roter Frauen- und Mädchenbund
RJ	Rote Jungfront
RM	Rote Marine
SA	Sturmabteilung
SAP	Sozialistische Arbeiterpartei Deutschlands
SAPMO	Stiftung Archiv der Parteien und Massenorganisationen der DDR im Bundesarchiv
Schufos	Schutzformationen
SDAP	Sozialdemokratische Arbeiterpartei

SHVZ	Schleswig-Holsteinische Volkszeitung
SPD	Sozialdemokratische Partei Deutschlands
Stahlhelm	Stahlhelm. Bund der Frontsoldaten
UB	Unterbezirk
USPD	Unabhängige Sozialdemokratische Partei Deutschlands
Verf.	Verfasser
VKPD	Vereinigte Kommunistische Partei Deutschlands
Zentrum, Z	Zentrumspartei
ZSHG	Zeitschrift der Gesellschaft für Schleswig-Holsteinische Geschichte

8. Orts- und Personenregister

8.1 Ortsregister

In alphabetischer Ordnung sind alle im Text und in den Fußnoten erwähnten Orte aufgenommen, die einen konkreten Raumbezug haben. Die Provinz Schleswig-Holstein selbst sowie die Deutsche Republik und ihre Synonyme (etwa Weimarer Republik, Deutsches Reich und Deutschland) sind aufgrund ihrer häufigen Nennung nicht indiziert.

A
Albersdorf 102
Altona 10, 19, 30, 32, 54, 59, 69, 77f., 94, 102f., 113
Apenrade 61

B
Baden 14
Bad Oldesloe 31, 47, 55, 69
Bad Segeberg 47
Berlin 19, 22, 26, 82, 101f., 105
Berlin-Brandenburg 16
Berlin-Lichterfeld 15, 72
Billstedt 103
Braunschweig 14
Bremen 14, 17

D
Dithmarschen (Kreis) 102
Dresden 14

E
Eckernförde 13, 46, 57
Eiderstedt 67
Elmshorn 85
Emsland 14
Eutin 14

F
Flensburg 14, 19, 54, 61, 65, 69, 71, 79, 81, 89, 94f., 103, 105, 111
Frankfurt 43
Friedrichstadt 108

G
Geesthacht 14, 97
Glückstadt 61
Groß-Thüringen 46

H
Hademarschen 54
Halle 43f., 46
Halle-Merseburg (Bezirk) 46
Hamburg 12f., 17, 19, 32, 39, 55f., 59, 69, 71, 77, 81, 87, 92, 96f., 118
Heide 14, 47, 64, 69, 81, 103
Henstedt-Ulzburg 14
Hessen 14
Husum 65, 67, 93

I
Itzehoe 30, 43, 103

K
Kaltenkirchen 14
Kiel 15-17, 19, 21f., 25f., 30, 32, 42, 53f., 58, 61, 64f., 67, 71, 81, 88f., 93, 96, 103-105, 108f., 111f.

Orts- und Personenregister

L
Lägerdorf 62, 65, 81
Lauenburg (Kreis) 14, 39, 72, 77
Lunden 60, 64

M
Magdeburg 40, 58
Magdeburg-Anhalt 14
Mitteldeutschland 29
Mitteldeutschland (Bezirk) 38
München 32

N
Neumünster 9, 19, 46f., 54, 61, 71, 91, 102f., 108
Niendorf/Stecknitz 91
Norderdithmarschen 67

O
Oberbayern-Schwaben (Gau) 53
Ostpreußen (Provinz) 23
Ostsachsen 14

P
Pfalz 14
Pinneberg 47
Plön 43
Preußen (Provinz) 32, 39, 82, 101, 113

R
Reinbek 89
Rendsburg 43, 61f., 105, 112
Rheinland 14
Rhein-Neckar-Region 14
Russland 61, 84, 86, 88, 100, 118

S
Sachsen (Bezirk) 14, 38, 116
Schiffbek 47
Schleswig 15, 19, 25, 42, 61, 67f., 88
Sonderburg 61
Sowjetunion 84, 91f.
Steinburg (Kreis) 14, 65, 67, 112
Süderdithmarschen 67
Südtondern 67, 81

T
Thüringen 39, 46, 82, 116

W
Wandsbek 19, 43, 59, 88f., 94, 102
Wankendorf 46
Wasserkante (Gau/Bezirk) 12-14, 17, 39, 47, 58-61, 64, 67, 76, 82, 88f., 91, 94f., 97, 103-106
Westfalen (Bezirk) 39
Westküste 66f., 85
Wesselburen 16, 64
Wöhrden 10, 102
Wolfenbüttel 14
Württemberg 14
Wuppertal 14

8.2 Personenregister

Aufgenommen sind alle im Text und in den Fußnoten erwähnten und eindeutig identifizierten historischen Personen, alphabetisch nach Vornamen sortiert. Eine Standardisierung fremdländischer Eigennamen und Quellenbezeichnungen ist nicht erfolgt.

A
Adolf Hitler 102, 113

B
Bertolt Brecht 35

C
Carl Severing 39, 44, 111
Carl Wilhelm Petersen 87

E
Edgar Andre 60, 88
Erich Hoffmann 103
Erich Wollenberg 107
Ernst Thälmann 39, 44, 59, 80
Ernst Sieher 23

F
Franz von Papen 107, 113

H
Hanns Eisler 35
Hans Block 31
Heinrich Brüning 107
Heinrich Eisenbart(h) 55
Heinrich Kürbis 55, 102, 109
Heinrich Thon 109
Herrmann Müller 107
Hohenzollern
   (Adelsgeschlecht) 73, 82

J
Josef Wissarionowitsch Stalin 99

K
Karl Dietrich 55, 109
Karl Liebknecht 23
Karl Meitmann 42
Karl Rickers 108
Karl Zörgiebel 101
Kurt Sindermann 110
Kurt von Schleicher 107

M
Matthias Erzberger 29f.

N
Nikolaus Andresen 21

O
Otto Bartels 71, 88
Otto Braun 83, 113
Otto Gisbert Adolf Gustav Kurt Graf
   zu Rantzau 55
Otto Hörsing 40, 42, 92f., 108f.
Otto Wahls 82

P
Paul von Hindenburg 75
Paul von Schöneich 55
Philipp Scheidemann 22, 29

R
Richard Hansen 42, 109
Rosa Luxemburg 23
Ruth Fischer 43

W
Walther Rathenau 29f.

Wilhelm II., Deutscher Kaiser und
 König von Preußen 22

Willy Leow 44, 80

KIELER WERKSTÜCKE

Reihe A: Beiträge zur schleswig-holsteinischen und skandinavischen Geschichte
Hrsg. von Oliver Auge

Band 1 Kai Fuhrmann: Die Auseinandersetzung zwischen königlicher und gottorfischer Linie in den Herzogtümern Schleswig und Holstein in der zweiten Hälfte des 17. Jahrhunderts. 1990.

Band 2 Ralph Uhlig (Hrsg.): Vertriebene Wissenschaftler der Christian-Albrechts-Universität zu Kiel (CAU) nach 1933. Zur Geschichte der CAU im Nationalsozialismus. Eine Dokumentation, bearbeitet von Uta Cornelia Schmatzler und Matthias Wieben. 1991.

Band 3 Carsten Obst: Der demokratische Neubeginn in Neumünster 1947 bis 1950 anhand der Arbeit und Entwicklung des Neumünsteraner Rates. 1992.

Band 4 Thomas Hill: Könige, Fürsten und Klöster. Studien zu den dänischen Klostergründungen des 12. Jahrhunderts. 1992.

Band 5 Rüdiger Wurr / Udo Gerigk / Uwe Törper / Alfred Sielken: Türkische Kolonie im Wandel. Ausländersozialarbeit und Ausländerpädagogik in Schleswig-Holstein (Bandhrsg.: Kai Fuhrmann und Ralph Uhlig). 1992.

Band 6 Torsten Mußdorf: Die Verdrängung jüdischen Lebens in Bad Segeberg im Zuge der Gleichschaltung 1933-1939 (Bandhrsg.: Kai Fuhrmann und Ralph Uhlig). 1992.

Band 7 Thorsten Afflerbach: Der berufliche Alltag eines spätmittelalterlichen Hansekaufmanns. Betrachtungen zur Abwicklung von Handelsgeschäften. 1993.

Band 8 Ralph Uhlig: *Confidential Reports* des Britischen Verbindungsstabes zum Zonenbeirat der britischen Besatzungszone in Hamburg (1946-1948). Demokratisierung aus britischer Sicht. 1993.

Band 9 Broder Schwensen: Der Schleswig-Holsteiner-Bund 1919-1933. Ein Beitrag zur Geschichte der nationalpolitischen Verbände im deutsch-dänischen Grenzland. 1993.

Band 10 Matthias Wieben: Studenten der Christian-Albrechts-Universität im Dritten Reich. Zum Verhaltensmuster der Studenten in den ersten Herrschaftsjahren des Nationalsozialismus. 1994.

Band 11 Volker Henn / Arnved Nedkvitne (Hrsg.): Norwegen und die Hanse. Wirtschaftliche und kulturelle Aspekte im europäischen Vergleich. 1994.

Band 12 Jürgen Hartwig Ibs: Die Pest in Schleswig-Holstein von 1350 bis 1547/48. Eine sozialgeschichtliche Studie über eine wiederkehrende Katastrophe. 1994.

Band 13 Martin Höffken: Die "Kieler Erklärung" vom 26. September 1949 und die "Bonn-Kopenhagener Erklärungen" vom 29. März 1955 im Spiegel deutscher und dänischer Zeitungen. Regierungserklärungen zur rechtlichen Stellung der dänischen Minderheit in Schleswig-Holstein in der öffentlichen Diskussion. 1994.

Band 14 Erich Hoffmann / Frank Lubowitz (Hrsg.): Die Stadt im westlichen Ostseeraum. Vorträge zur Stadtgründung und Stadterweiterung im Hohen Mittelalter. Teil 1 und 2. 1995.

Band	15	Claus Ove Struck: Die Politik der Landesregierung Friedrich Wilhelm Lübke in Schleswig-Holstein (1951-1954). 1997.
Band	16	Hannes Harding: Displaced Persons (DPs) in Schleswig-Holstein 1945-1953. 1997.
Band	17	Olav Vollstedt: Maschinen für das Land. Agrartechnik und produzierendes Gewerbe Schleswig-Holsteins im Umbruch (um 1800-1867). 1997.
Band	18	Jörg Philipp Lengeler: Das Ringen um die Ruhe des Nordens. Großbritanniens Nordeuropa-Politik und Dänemark zu Beginn des 18. Jahrhunderts. 1998.
Band	19	Thomas Riis (Hrsg.): Tisch und Bett. Die Hochzeit im Ostseeraum seit dem 13. Jahrhundert. 1998.
Band	20	Alf R. Bjercke: Norwegische Kätnersöhne als königliche Dragoner. Eine Abhandlung über den Dragonerdienst in Norwegen und die Grenzwache in Schleswig-Holstein 1758-1762. 1999.
Band	21	Niels Bracke: Die Regierung Waldemars IV. Eine Untersuchung zum Wandel von Herrschaftsstrukturen im spätmittelalterlichen Dänemark. 1999.
Band	22	Lutz Sellmer: Albrecht VII. von Mecklenburg und die Grafenfehde (1534-1536). 1999.
Band	23	Ernst-Erich Marhencke: Hans Reimer Claussen (1804-1894). Kämpfer für Freiheit und Recht in zwei Welten. Ein Beitrag zu Herkunft und Wirken der "Achtundvierziger". 1999.
Band	24	Hans-Otto Gaethke: Herzog Heinrich der Löwe und die Slawen nordöstlich der unteren Elbe. 1999.
Band	25	Henning Unverhau: Gesang, Feste und Politik. Deutsche Liedertafeln, Sängerfeste, Volksfeste und Festmähler und ihre Bedeutung für das Entstehen eines nationalen und politischen Bewußtseins in Schleswig-Holstein 1840-1848. 2000.
Band	26	Joseph Ben Brith: Die Odyssee der Henrique-Familie (Bandhrsg.: Björn Marnau und Ralph Uhlig). 2001.
Band	27	Karl-Otto Hagelstein: Die Erbansprüche auf die Herzogtümer Schleswig und Holstein 1863/64. 2003.
Band	28	Annegret Wittram: Fragmenta. Felix Jacoby und Kiel. Ein Beitrag zur Geschichte der Kieler Christian-Albrechts-Universität. 2004.
Band	29	Sönke Loebert: Die dänische Vergangenheit Schleswigs und Holsteins in preußischen Geschichtsbüchern. 2008.
Band	30	Hans Gerhard Risch: Der holsteinische Adel im Hochmittelalter. Eine quantitative Untersuchung. 2010.
Band	31	Silke Hinz: Hochzeit in Kiel. Wandel im Hochzeitsgeschehen von 1965 bis 2005. 2011.
Band	32	Sönke Loebert / Okko Meiburg / Thomas Riis: Die Entstehung der Verfassungen der dänischen Monarchie (1848-1849). 2012.
Band	33	Franziska Nehring: Graf Gerhard der Mutige von Oldenburg und Delmenhorst (1430-1500). 2012.

Band	34	Simon Huemer: Studienstiftungen an der Christian-Albrechts-Universität zu Kiel. Private Bildungsförderung zwischen Stiftungsnorm und Stiftungswirklichkeit. 2013.
Band	35	Marina Loer: Die Reformen von Windesheim und Bursfelde im Norden. Einflüsse und Auswirkungen auf die Klöster in Holstein und den Hansestädten Lübeck und Hamburg. 2013.
Band	36	Alexander Otto-Morris: Rebellion in the Province: The Landvolkbewegung and the Rise of National Socialism in Schleswig-Holstein. 2013.
Band	37	Oliver Auge (Hrsg.): Hansegeschichte als Regionalgeschichte. Beiträge einer internationalen und interdisziplinären Winterschule in Greifswald vom 20. bis 24. Februar 2012. 2014.
Band	38	Julian Freche: Die Eingemeindungen in die Stadt Kiel (1869-1970). Gründe, Probleme und Kontroversen. 2014.
Band	39	Martin Göllnitz: Karrieren zwischen Diktatur und Demokratie. Die Berufungspolitik in der Kieler Theologischen Fakultät 1936 bis 1946. 2014.
Band	40	Jelena Steigerwald: Denkmalschutz im Grenzgebiet. Eine Analyse der Wissensproduktion und der Praktiken des Denkmalschutzes in der deutsch-dänischen Grenzregion im 19. Jahrhundert. 2015.
Band	41	Caroline Elisabeth Weber: Der Wiener Frieden von 1864. Wahrnehmungen durch die Zeitgenossen in den Herzogtümern Schleswig und Holstein bis 1871. 2015.
Band	42	Oliver Auge (Hrsg.): Vergessenes Burgenland Schleswig-Holstein. Die Burgenlandschaft zwischen Elbe und Königsau im Hoch- und Spätmittelalter. Beiträge einer interdisziplinären Tagung in Kiel vom 20. bis 22. September 2013. 2015.
Band	43	Frederieke Maria Schnack: Die Heiratspolitik der Welfen von 1235 bis zum Ausgang des Mittelalters. 2016.
Band	44	Oliver Auge / Norbert Fischer (Hrsg.): Nutzung gestaltet Raum. Regionalhistorische Perspektiven zwischen Stormarn und Dänemark. 2017.
Band	45	Gwendolyn Peters: Kriminalität und Strafrecht in Kiel im ausgehenden Mittelalter. Das Varbuch als Quelle zur Rechts- und Sozialgeschichte. 2017.
Band	46	Jens Boye Volquartz: Friesische Händler und der frühmittelalterliche Handel am Oberrhein. 2017.
Band	47	Karen Bruhn: Das Kieler Kunsthistorische Institut im Nationalsozialismus. Lehre und Forschung im Kontext der „deutschen Kunst". 2017.
Band	48	Lisa Kragh: Kieler Meeresforschung im Kaiserreich. Die Planktonexpedition von 1889 zwischen Wissenschaft, Wirtschaft, Politik und Öffentlichkeit. 2017.
Band	49	Oliver Auge / Martin Göllnitz (Hrsg.): Mit Forscherdrang und Abenteuerlust. Expeditionen und Forschungsreisen Kieler Wissenschaftlerinnen und Wissenschaftler. 2017.
Band	50	Martin Schürrer: Die Schauenburger in Nordelbien. Die Entwicklung gräflicher Handlungsspielräume im 12. Jahrhundert. 2017.
Band	51	Klaus Kuhl: Die revolutionären Ereignisse in Kiel aus Sicht eines Ingenieurs der Germaniawerft. Das Tagebuch Nikolaus Andersens, verfasst in den Jahren 1917–1919 Edition und Textanalyse. 2018.

Band	52	Stefan Magnussen / Daniel Kossack (eds.): Castles as European Phenomena. Towards an international approach to medieval castles in Europe. Contributions to an international and interdisciplinary workshop in Kiel, February 2016. 2018.
Band	53	Oliver Auge / Jens Boye Volquartz (Hrsg.): Der Limes Saxoniae. Fiktion oder Realität? 2019.
Band	54	Oliver Auge / Jan Habermann / Frederieke Maria Schnack (Hrsg.): Der letzte Welfe im Norden. Herzog Abrecht I. ‚der Lange' von Braunschweig (1236-1279): Ein ‚großer' Fürst und seine Handlungsspielräume im spätmittelalterlichen Europa. 2019.
Band	55	Jann-Thorge Thöming: Bahnhofsmission Büchen. Ein Spalt im Eisernen Vorhang. 2020.
Band	56	Knut-Hinrik Kollex: Karriere und Karriereknick. Der Arktisforscher Karl Gripp (1891-1985) zwischen Weimar, Weltkrieg und Wiederaufbau. 2020.
Band	57	Oliver Auge / Caroline Elisabeth Weber (Hrsg.): Pflichthochzeit mit Pickelhaube. Die Inkorporation Schleswig-Holsteins in Preußen 1866/67. 2020.
Band	58	Auge, Oliver / Magnussen, Stefan (Hrsg.): Schwabstedt und die Bischöfe von Schleswig (1268 bis 1705). Beiträge zur Geschichte der bischöflichen Burg und Residenz an der Treene. 2021.
Band	59	Ocker, Jan: Arbeit, Friede, Brot? Die agrarische Kultivierung des Truppenübungsplatzes Lockstedt (1920-1930). 2022.
Band	60	Stefan Brenner: Im Fahrwasser regionaler Hansestädte. Dithmarschen in den Konfliktfeldern des westlichen Ostseeraums (1500–1559). 2022.
Band	61	Sinje Bogg Brockmann: Ein Heimatverein für Sylt. Die Entstehung der „Söl'ring Foriining" (1905) im Zuge der Heimatbewegung des 19. und frühen 20. Jahrhunderts. 2023.

Reihe B: Beiträge zur nordischen und baltischen Geschichte
Hrsg. von Martin Krieger

Band	1	Rainer Plappert: Zwischen Zwangsclearing und Entschädigung. Die politischen Beziehungen zwischen der Bundesrepublik Deutschland und Schweden im Schatten der Kriegsfolgefragen 1949-1956. 1996.
Band	2	Volker Seresse: Des Königs "arme weit abgelegene Vntterthanen". Oesel unter dänischer Herrschaft 1559/84-1613. 1996.
Band	3	Ingrid Bohn: Zwischen Anpassung und Verweigerung. Die deutsche St. Gertruds Gemeinde in Stockholm zur Zeit des Nationalsozialismus. 1997.
Band	4	Saskia Pagell: Souveränität oder Integration? Die Europapolitik Dänemarks und Norwegens von 1945 bis 1995. 2000.
Band	5	Ulrike Hanssen-Decker: Von Madrid nach Göteborg. Schweden und der EU-Beitritt Estlands, Lettlands und Litauens, 1995-2001. 2008.
Band	6	Katrin Leineweber: Schwedische Einwanderer zwischen Akkulturationsprozess und *cultural maintenance* in Seattle/Washington State, 1885-1940. 2021.

Reihe C: Beiträge zur europäischen Geschichte des frühen und hohen Mittelalters
Hrsg. von Andreas Bihrer

Band 1 Martin Rheinheimer: Das Kreuzfahrerfürstentum Galiläa. 1990.

Band 2 Oliver Berggötz: Der Bericht des Marsilio Zorzi. Codex Querini-Stampalia IV 3 (1064). 1990.

Band 3 Thomas Eck: Die Kreuzfahrerbistümer Beirut und Sidon im 12. und 13. Jahrhundert auf prosopographischer Grundlage. 2000.

Band 4 Andreas Bihrer: Visio monachi de Eynsham. Die Vision des Mönchs von Eynsham. Die kartäusische Redaktion des Spätmittelalters (Fassung E). Einleitung und Edition. 2019.

Reihe D: Beiträge zur europäischen Geschichte des späten Mittelalters
Hrsg. von Werner Paravicini

Band 1 Holger Kruse, Werner Paravicini, Andreas Ranft (Hrsg.): Ritterorden und Adelsgesellschaften im spätmittelalterlichen Deutschland. Ein systematisches Verzeichnis. 1991.

Band 2 Werner Paravicini (Hrsg.): Hansekaufleute in Brügge. Teil 1: Die Brügger Steuerlisten 1360-1390, hrsg. von Klaus Krüger. 1992.

Band 3 Les Chevaliers de l'Ordre de la Toison d'or au XVe siècle. Notices bio-bibliographiques publiées sous la direction de Raphaël de Smedt. 1994. 2. Auflage 2000.

Band 4 Werner Paravicini (Hrsg.): Der Briefwechsel Karls des Kühnen (1433-1477). Inventar. Redigiert von Sonja Dünnebeil und Holger Kruse. Bearbeitet von Susanne Baus u.a. Teil 1 und 2. 1995.

Band 5 Werner Paravicini (Hrsg.): Europäische Reiseberichte des späten Mittelalters. Eine analytische Bibliographie. Teil 1: Deutsche Reiseberichte, bearb. von Christian Halm. 1994. 2., durchgesehene und um einen Nachtrag ergänzte Auflage 2001.

Band 6 Rainer Demski: Adel und Lübeck. Studien zum Verhältnis zwischen adliger und bürgerlicher Kultur im 13. und 14. Jahrhundert. 1996.

Band 7 Anne Chevalier-de Gottal: Les Fêtes et les Arts à la Cour de Brabant à l'aube du XVe siècle. 1996.

Band 8 Stephan Selzer: Artushöfe im Ostseeraum. Ritterlich-höfische Kultur in den Städten des Preußenlandes im 14. und 15. Jahrhundert. 1996.

Band 9 Werner Paravicini (Hrsg.): Hansekaufleute in Brügge. Teil 2. Georg Asmussen: Die Lübecker Flandernfahrer in der zweiten Hälfte des 14. Jahrhunderts (1358-1408). 1999.

Band 10 Jean Marie Maillefer: Chevaliers et princes allemands en Suède et en Finlande à l'époque des Folkungar (1250-1363). Le premier établissement d'une noblesse allemande sur la rive septentrionale de la Baltique. 1999.

Band 11 Werner Paravicini, Horst Wernicke (Hrsg.): Hansekaufleute in Brügge. Teil 3. Prosopographischer Katalog zu den Brügger Steuerlisten 1360-1390. Bearbeitet von Ingo Dierck, Sonja Dünnebeil und Renée Rößner. 1999.

Band	12	Werner Paravicini (Hrsg.): Europäische Reiseberichte des späten Mittelalters. Eine analytische Bibliographie. Teil 2: Französische Reiseberichte, bearbeitet von Jörg Wettlaufer in Zusammenarbeit mit Jacques Paviot. 1999.
Band	13	Nils Jörn, Werner Paravicini, Horst Wernicke (Hrsg.): Hansekaufleute in Brügge. Teil 4. Beiträge der Internationalen Tagung in Brügge April 1996. 2000.
Band	14	Werner Paravicini (Hrsg.): Europäische Reiseberichte des späten Mittelalters. Eine analytische Bibliographie. Teil 3. Niederländische Reiseberichte. Nach Vorarbeiten von Detlev Kraack bearbeitet von Jan Hirschbiegel. 2000.
Band	15	Werner Paravicini (Hrsg.): Hansekaufleute in Brügge. Teil 5. Renée Rößner: Hansische Memoria in Flandern. Alltagsleben und Totengedenken der Osterlinge in Brügge und Antwerpen (13. bis 16. Jahrhundert). 2001.
Band	16	Werner Paravicini (Hrsg.): Hansekaufleute in Brügge. Teil 6. Anke Greve: Hansische Kaufleute, Hosteliers und Herbergen im Brügge des 14. und 15. Jahrhunderts. 2011.
Band	17	Sonja Dünnebeil (Hrsg.): Die Protokollbücher des Ordens vom Goldenen Vlies. Teil 4: Der Übergang an das Haus Habsburg (1477 bis 1480). Vorwort von Werner Paravicini. 2016.
Band	18	Valérie Bessey / Jean-Marie Cauchies / Werner Paravicini (éds.) Les ordonnances de l'hôtel des ducs de Bourgogne. Volume 3: Marie de Bourgogne, Maximilien d'Autriche et Philippe le Beau 1477-1506. 2018.
Band	19	Valérie Bessey / Sonja Dünnebeil / Werner Paravicini (Hrsg.) Die Hofordnungen der Herzöge von Burgund. Band 2: Die Hofordnungen Herzog Karls des Kühnen 1467–1477. 2020.

Reihe E: Beiträge zur Sozial- und Wirtschaftsgeschichte

Hrsg. von Gerhard Fouquet

Band	1	Thomas Hill / Dietrich W. Poeck (Hrsg.): Gemeinschaft und Geschichtsbilder im Hanseraum. 2000.
Band	2	Gabriel Zeilinger: Die Uracher Hochzeit 1474. Form und Funktion eines höfischen Festes im 15. Jahrhundert. 2002.
Band	3	Sascha Taetz: Richtung Mitternacht. Wahrnehmung und Darstellung Skandinaviens in Reiseberichten städtischer Bürger des 16. und 17. Jahrhunderts. 2004.
Band	4	Harm von Seggern / Gerhard Fouquet / Hans-Jörg Gilomen (Hrsg.): Städtische Finanzwirtschaft am Übergang vom Mittelalter zur Frühen Neuzeit. 2007.
Band	5	Gerhard Fouquet (Hrsg.): Die Reise eines niederadeligen Anonymus ins Heilige Land im Jahre 1494. 2007.
Band	6	Sven Rabeler: Das Familienbuch Michels von Ehenheim (um 1462/63-1518). Ein niederadliges Selbstzeugnis des späten Mittelalters. Edition, Kommentar, Untersuchung. 2007.
Band	7	Gerhard Fouquet / Gabriel Zeilinger (Hrsg.): Die Urbanisierung Europas von der Antike bis in die Moderne. 2009.
Band	8	Dietrich W. Poeck: Die Herren der Hanse. Delegierte und Netzwerke. 2010.

Band	9	Carsten Stühring: Der Seuche begegnen. Deutung und Bewältigung von Rinderseuchen im Kurfürstentum Bayern des 18. Jahrhunderts. 2011.
Band	10	Sina Westphal: Die Korrespondenz zwischen Kurfürst Friedrich dem Weisen von Sachsen und der Reichsstadt Nürnberg. Analyse und Edition. 2011.
Band	11	Ulf Dirlmeier: Menschen und Städte. Ausgewählte Aufsätze. Herausgegeben von Rainer S. Elkar, Gerhard Fouquet und Bernd Fuhrmann. 2012.
Band	12	Anja Voßhall: Stadtbürgerliche Verwandtschaft und kirchliche Macht. Karrieren und Netzwerke Lübecker Domherren zwischen 1400 und 1530. 2016.
Band	13	Ulrike Förster: Selbstverständnis im Spannungsfeld zwischen Diesseits und Jenseits. Die Lübecker Ratsherrenwitwen Telse Yborg (gest. vor 1442), Wobbeke Dartzow (gest. 1441/42) und Mette Bonhorst (gest. 1445/46). 2017.
Band	14	Maria Seier: Ehre auf Reisen. Die Hansetage an der Wende zum 16. Jahrhundert als Schauplatz für Rang und Ansehen der Hanse(städte). 2017.
Band	15	Gerhard Fouquet / Marie Jäcker / Denise Schlichting (Hrsg.): Kindheiten und Jugend in Deutschland (1250-1700). Ein Quellenlesebuch. Mit einem Beitrag von Lorena Rüffer. 2018.

Reihe F: Beiträge zur osteuropäischen Geschichte
Hrsg. von Ludwig Steindorff und Martina Thomsen

Band	1	Peter Nitsche (Hrsg.), unter Mitarbeit von Ekkehard Klug: Preußen in der Provinz. Beiträge zum 1. deutsch-polnischen Historikerkolloquium im Rahmen des Kooperationsvertrages zwischen der Adam-Mickiewicz-Universität Poznań und der Christian-Albrechts-Universität zu Kiel. 1991.
Band	2	Rudolf Jaworski (Hrsg.): Nationale und internationale Aspekte der polnischen Verfassung vom 3. Mai 1791. Beiträge zum 3. deutsch-polnischen Historikerkolloquium im Rahmen des Kooperationsvertrages zwischen der Adam-Mickiewicz-Universität Poznań und der Christian-Albrechts-Universität zu Kiel, unter Mitarbeit von Eckhard Hübner. 1993.
Band	3	Peter Nitsche (Hrsg.): Die Nachfolgestaaten der Sowjetunion. Beiträge zur Geschichte, Wirtschaft und Politik. Herausgegeben unter Mitarbeit von Jan Kusber. 1994.
Band	4	Stephan Conermann / Jan Kusber (Hrsg.): Die Mongolen in Asien und Europa. 1997.
Band	5	Randolf Oberschmidt: Rußland und die schleswig-holsteinische Frage 1839-1853. 1997.
Band	6	Rudolf Jaworski / Jan Kusber / Ludwig Steindorff (Hrsg.): Gedächtnisorte in Osteuropa. Vergangenheiten auf dem Prüfstand. 2003.
Band	7	Ulrich Kaiser: Realpolitik oder antibolschewistischer Kreuzzug? Zum Zusammenhang von Rußlandbild und Rußlandpolitik der deutschen Zentrumspartei 1917-1933. 2005.
Band	8	Annelore Engel-Braunschmidt / Eckhard Hübner (Hrsg.): Jüdische Welten in Osteuropa. 2005.

Band   9   Martin Aust / Ludwig Steindorff (Hrsg.): Russland 1905. Perspektiven auf die erste Russische Revolution. 2007.

Band   10   Sven Freitag: Ortsumbenennungen im sowjetischen Russland. Mit einem Schwerpunkt auf dem Kaliningrader Gebiet. 2014.

Reihe   G: Beiträge zur Frühen Neuzeit
Hrsg. von Olaf Mörke

Band   1   Rolf Schulte: Hexenmeister. Die Verfolgung von Männern im Rahmen der Hexenverfolgung von 1530-1730 im Alten Reich. 2000. 2., ergänzte Auflage 2001.

Band   2   Jan Klußmann: Lebenswelten und Identitäten adliger Gutsuntertanen. Das Beispiel des östlichen Schleswig-Holsteins im 18. Jahrhundert. 2002.

Band   3   Daniel Höffker / Gabriel Zeilinger (Hrsg.): Fremde Herrscher. Elitentransfer und politische Integration im Ostseeraum (15.-18. Jahrhundert). 2006.

Band   4   Volker Seresse (Hrsg.): Schlüsselbegriffe der politischen Kommunikation in Mitteleuropa während der frühen Neuzeit. 2009.

Band   5   Björn Aewerdieck: Register zu den Wunderzeichenbüchern Job Fincels. 2010.

Band   6   Tatjana Niemsch: Reval im 16. Jahrhundert. Erfahrungsräumliche Deutungsmuster städtischer Konflikte. 2013.

Band   7   Martin Pabst: Die Typologisierbarkeit von Städtereformation und die Stadt Riga als Beispiel. 2015.

Reihe   H: Beiträge zur Neueren und Neuesten Geschichte
Hrsg. von Christoph Cornelißen

Band   1   Lena Cordes: Regionalgeschichte im Zeichen politischen Wandels. Die Gesellschaft für Schleswig-Holsteinische Geschichte zwischen 1918 und 1945. 2011.

Band   2   Birte Meinschien: Michael Freund. Wissenschaft und Politik (1945-1965). 2012.

Band   3   Stefan Bichow: Die Universität Kiel in den 1960er Jahren. Ordnungen einer akademischen Institution in der Krise. 2013.

www.peterlang.com

www.ingramcontent.com/pod-product-compliance
Ingram Content Group UK Ltd.
Pitfield, Milton Keynes, MK11 3LW, UK
UKHW041913140426
5217IPUK00002B/33